COLEÇÃO
● **TE●LOGIA
PARA TOD●S**

Willibaldo
Ruppenthal Neto

A Igreja apoiou Hitler?

Investigando a relação dos cristãos com o nazismo

© por Willibaldo Ruppenthal Neto, 2024.
Todos os direitos desta publicação são reservados por
Vida Melhor Editora LTDA.

Todas as citações bíblicas foram extraídas da *Nova Versão Internacional*,
da Biblica Inc., salvo indicação em contrário.

Os pontos de vista desta obra são de responsabilidade de seus autores
e colaboradores diretos, não refletindo necessariamente a posição da
Thomas Nelson Brasil, da HarperCollins Christian Publishing ou de
suas equipes editoriais.

PRODUÇÃO: Daila Fanny Eugenio
REVISÃO: Virgínia Neumann e Jean Xavier
DIAGRAMAÇÃO: Joede Bezerra
CAPA E PROJETO GRÁFICO: Gabê Almeida
ILUSTRAÇÃO DE CAPA: Guilherme Match

EQUIPE EDITORIAL
DIRETOR: Samuel Coto
COORDENADOR: André Lodos Tangerino
ASSISTENTE: Lais Chagas

Dados Internacionais de Catalogação na Publicação (CIP)
(BENITEZ Catalogação Ass. Editorial, MS, Brasil)

R68i Ruppenthal, Willibaldo
1.ed.   A Igreja apoiou Hitler?: investigando a relação dos cristãos com
o nazismo/ Willibaldo Ruppenthal. – 1.ed. – Rio de Janeiro:
Thomas Nelson Brasil, 2024. – (Coleção Teologia para todos)
96 p.; 12 x 18cm.

Bibliografia.
ISBN 978-65-5689-736-3

1. Cristianismo – Alemanha – História. 2. Hitler, Adolf, 1889-1945.
3. Igreja cristã. 4. Nazismo – Alemanha – História. 5. Nazismo e
religião. I. Título. II. Série.

01-2024/14   CDD 230.943086

Índice para catálogo sistemático:
1. Nazismo e religião: Cristianismo: História   230.943086
Aline Graziele Benitez – Bibliotecária - CRB-1/3129

Thomas Nelson Brasil é uma marca licenciada à Vida Melhor Editora LTDA.
Todos os direitos reservados à Vida Melhor Editora LTDA.
Rua da Quitanda, 86, sala 601A — Centro
Rio de Janeiro — RJ — CEP 20091-005
Tel.: (21) 3175-1030
www.thomasnelson.com.br

Sumário

07 Prefácio à coleção *Teologia para todos*

09 Introdução: Precisamos falar sobre isso

13 1. Nem louco nem monstro

19 2. Sonhos frustrados

27 3. Medo e ódio

36 4. O Hitler cristão

43 5. A suástica e a cruz

50 6. O Jesus ariano

58 7. Pastores e espiões

67 8. Hitler e o Vaticano

77 9. O trágico silêncio

82 10. Aprendendo a lição

88 Conclusão

Prefácio à coleção
Teologia para todos

Geralmente, quando nos interessamos por algo, alguém, alguma coisa, algum tema, fazemos perguntas sobre isso. Perguntar é um ato de gente interessada — pode ser de gente metida também, eu sei (risos), mas, aqui, estou pensando nessa atitude de maneira positiva. Os discípulos fizeram perguntas para Jesus, que muitas vezes respondeu com outras perguntas. Entre perguntas e respostas, o reino de Deus foi ensinado e aprendido.

Em diálogos honestos e relações saudáveis, perguntas sempre são bem-vindas. Jesus não teve problemas em ser questionado. Paulo escreveu duas cartas respondendo às dúvidas que recebeu da comunidade de Corinto. Aliás, podemos pressupor que, por trás dos escritos do Novo Testamento, estão questionamentos da igreja nascente.

Foi justamente por acreditar que perguntas honestas merecem respostas bíblicas que criamos a coleção *Teologia para todos*. O objetivo é fomentar, por meio de perguntas e respostas, a reflexão sobre temas importantes da fé cristã. Nossa fé foi construída em meio a um povo que experimentou a presença e a revelação divinas. O Antigo e o Novo Testamento são frutos dessa relação e da reflexão sobre quem é Deus e o que ele espera de sua criação.

Sim, Deus espera que seu povo conheça as Escrituras e saiba relacionar a revelação com a rotina! Por isso, os temas dessa coleção estarão sempre permeados pela teologia prática. A ideia central de cada livro é responder a uma pergunta ou inquietação da igreja brasileira, ao mesmo tempo que ensina princípios básicos da doutrina cristã.

Pelo tamanho do livro que você tem em mãos, fica evidente a intenção de que ele seja apenas uma introdução ao assunto da capa. Contudo, os autores e as autoras se esforçaram ao máximo para entregar, de forma sintética e clara, aquilo que é fundamental saber sobre a pergunta que gerou o livro. Para aprender mais, consulte as referências bibliográficas citadas nas notas de rodapé ao longo de cada obra. Ao estudar as fontes que os autores usaram, você pode ir mais longe.

Esperamos profundamente que este livro e todos os demais da coleção *Teologia para todos* inspirem você a viver a fé evangélica de maneira mais sóbria, a fim de que, "se alguém lhes perguntar a respeito de sua esperança, estejam sempre preparados para explicá-la" (1Pedro 3:15).

Rodrigo Bibo
Autor do best-seller *O Deus que destrói sonhos*,
criador do Bibotalk e da EBT — Escola Bibotalk de Teologia.
Casado com a Alexandra e pai da Milena e do Kalel.

Introdução
Precisamos falar sobre isso

A Igreja apoiou Hitler?

Para responder essa pergunta, é preciso entender o que é "Igreja" e quem foi Adolf Hitler. O termo "Igreja", como bem lembra Eric Voegelin,[1] pode ter muitos significados. Normalmente, se utiliza "igreja", com inicial minúscula, para se referir às comunidades cristãs locais, ou seja, congregações nas quais os cristãos se reúnem, assim como o conjunto de pessoas reunidas lá. Já o termo "Igreja", com inicial maiúscula, pode ser usado para falar de uma instituição, como a Igreja Católica Apostólica Romana, ou ainda para indicar o conjunto de todos os cristãos.

Neste livro, vamos tratar da "Igreja", com inicial maiúscula, considerando o segundo sentido, o conjunto de todos os cristãos. Sei bem que muitos teólogos usam essa palavra para se referir aos verdadeiros cristãos, no sentido do "corpo místico" de Jesus Cristo. Porém, não tenho como saber quem é ou não parte dessa Igreja espiritual. É claro que algumas ações, como o apoio ao regime nazista — do qual trataremos aqui —, me levam a supor que tal pessoa não poderia ser parte desse "corpo". No entanto, o propósito deste livro não é julgar quem está salvo ou não, mas conhecer o que pessoas que acreditavam em Jesus Cristo fizeram ou deixaram de fazer no contexto nazista, e tirar disso lições para nós hoje.

Assim, considero cristão não aquele que age de acordo com o que eu entendo como certo, mas todo aquele que chama a si mesmo de cristão. Por isso, neste livro, o termo irá abranger católicos e protestantes, incluindo seus líderes (pastores, bispos e o papa).

---

[1] VOEGELIN, Eric. *Hitler e os alemães.* Trad. de Elpídio Mário Dantas Fonseca. São Paulo: É Realizações, 2008. p. 207ss.

Por consequência, ao falar de Igreja, estaremos também nos referindo a praticamente todos os alemães do tempo de Hitler. Afinal, no tempo de Hitler, os alemães eram "um povo essencialmente de Igreja",[2] tendo 95% das pessoas batizadas e dizimistas em igrejas católicas e protestantes.[3] Dessa forma, fica claro que grande parte dessa Igreja apoiou Hitler, uma vez que ele, diferentemente de outros ditadores — em geral odiados pela maioria —, foi "adorado, obedecido e cultuado por quase toda a população".[4]

Quanto a Adolf Hitler (1889-1945), são poucos aqueles que não conhecem seu nome ou sua imagem. O cabelo mais comprido sobre a testa e o bigodinho curto, no estilo de Charlie Chaplin, o tornam facilmente reconhecido. Imagino, inclusive, que você, leitor ou leitora, já ouviu falar a respeito dele e tem alguma ideia de quem ele foi. Porém, ouvir falar não é conhecer nem entender. Por isso, é importante uma breve introdução sobre quem ele era e o que fez como líder da Alemanha.

Hoje, muitos sabem que Hitler foi o principal causador da Segunda Guerra Mundial (1939-1945), que resultou na morte de cerca de 70 milhões de pessoas. Também sabem que ele foi a mente por trás do Holocausto — ou *HaShoah*, "a catástrofe", como os judeus preferem denominar[5] —, o maior genocídio da história, com 6 milhões de pessoas morrendo pelo simples fato de serem judias.

Mesmo assim, normalmente não se conhece a história completa de Hitler nem de sua liderança, que se iniciou antes da guerra e do Holocausto, visto que ele estava no poder da Alemanha desde 1933.

Muitos também sabem que Hitler foi um terrível ditador, mas desconhecem o fato de que ele subiu ao poder como líder da Alemanha de forma rigorosamente constitucional, ou seja, por

---

[2] VOEGELIN, *Hitler e os alemães*, p. 208.

[3] BERGEN, Doris L. "Contextualizing Dietrich Bonhoeffer: Nazism, the Churches, and the Question of Silence". In: GREEN, Clifford J.; CARTER, Guy C. (orgs.). *Interpreting Bonhoeffer*: Historical Perspectives, Emerging Issues. Minneapolis: Fortress, 2013. p. 114.

[4] LUTZER, Erwin. *A cruz de Hitler*: como a cruz de Cristo foi usada para promover a ideologia nazista. Trad. de Emerson Justino. São Paulo: Vida, 2003. p. 77.

[5] Não costumamos pensar que é, no mínimo, estranho utilizar o termo "holocausto", que designa as ofertas queimadas a Deus, para se referir à morte de judeus nos campos de concentração nazistas.

INTRODUÇÃO

meios legais.[6] Ele concorreu à presidência da Alemanha em 1932, mas foi derrotado por Paul von Hindeburg (1847-1934). Porém, o presidente eleito, por conselho de seu amigo católico Franz von Papen (1879-1969), decidiu colocar Hitler como chanceler da Alemanha, cargo que assumiu em janeiro de 1933. Hitler, portanto, não impôs sua liderança nem agiu de forma autoritária, fazendo com que os cristãos alemães tivessem de baixar a cabeça para ele. Pelo contrário, durante a caminhada política, recebeu o apoio de muitos cristãos e foi até mesmo associado a Jesus Cristo, por mais absurdo que pareça.

Por isso, ao considerar se a Igreja apoiou Hitler, devemos não somente nos perguntar "Como a Igreja da Alemanha lidou com o regime nazista?", mas também "Como Hitler conseguiu subir ao poder e qual foi a participação da Igreja nesse processo?". Algo que só pode ser respondido quando entendemos quem eram os cristãos daquele tempo e quem realmente foi Adolf Hitler.

Essas perguntas, além de nos permitirem conhecer e entender melhor o passado, também podem nos ajudar a evitar erros, inclusive no contexto brasileiro. Afinal, para além de haver existido cristãos apoiadores de Hitler aqui no Brasil — questão que não trataremos aqui[7] —, não podemos ignorar que há neonazistas em nosso país nem que, cada vez mais, brasileiros têm defendido ideias e ideais totalitários. Isso torna atual e fundamental a reflexão a respeito da Igreja no contexto nazista.

---

[6] HAYEK, Friedrich A. *O caminho da servidão*. 6. ed. São Paulo: Instituto von Mises Brasil, 2010. p. 96-7.
[7] Para saber mais sobre esse assunto, recomendo a pesquisa do professor Martin Norberto Dreher, apresentada no 1º Simpósio de História da Igreja da Faculdade Luterana de Teologia (FLT): *Nazi-fascismo: tema recorrente na história do luteranismo no Brasil, jamais enfrentado*. Disponível em: https://www.youtube.com/watch?v=d-0_Z6Nxl1g. Acesso em: 18 dez. 2023. Agradeço João Guilherme Piton Oliveira e Alexander Stahlhoefer pela indicação.

● CAPÍTULO 1

Nem louco nem monstro

Existem homens perversos que seriam menos perigosos se não tivessem nada de bom.

FRANÇOIS DE LA ROCHEFOUCAULD

Talvez alguém se assuste ao ler a declaração de que Hitler não era louco nem monstro, e pense: "Como assim!? É claro que ele era!". Afinal, sabendo — mesmo que pouco — quem ele foi e o que fez, nos sentimos obrigados a vê-lo dessa forma. Porém, por mais estranho que pareça, afirmar e entender que Hitler não era nem louco nem monstro, além de importante, é *necessário* para qualquer cristão que estuda essa história.

Tachar Hitler dessa forma serve somente para nos distanciar dele, deixando claro que *ele* é diferente de nós e que *nós* somos diferentes dele. É um alerta para que nenhum tipo de associação entre nós e ele seja feito. Afinal, Hitler é um tabu histórico, ou seja, um assunto polêmico no qual ninguém quer tocar, tendo se tornado um verdadeiro símbolo do mal.

A afirmação de que Hitler era louco é tão problemática quanto popular. Como bem destacou John Lukacs (1924-2019), especialista em história contemporânea, essa ideia não somente é *falha*, como também *prejudicial*, por duas razões principais.

Em primeiro lugar, ao chamar Hitler de louco, segundo Lukacs,[1] *estamos reduzindo a questão* e, desse jeito, "empurramos o problema

---

[1] LUKACS, John. *O Hitler da história.* Trad. de Ruy Jungmann. Rio de Janeiro: Jorge Zahar, 1998. p. 42.

de Hitler para debaixo do tapete". É uma maneira simplista de explicar o nazismo e todo o mal que ele causou, ignorando os problemas envolvidos na história. Assim, em vez de estudar o assunto e refletir sobre o que realmente aconteceu e como pode ter acontecido, tomamos como justificativa que todo o mal foi causado pela insanidade de um único homem, e que isso basta. "Ele fez aquilo porque era louco!" Desse modo, com uma resposta pronta, um problema difícil de ser compreendido simplesmente se torna irrelevante e não precisamos mais pensar no assunto.

Em segundo lugar, ao considerar Hitler um louco, *o isentamos da culpa*. Como bem explicou Lukacs, "a definição de Hitler como 'louco' exonera-o de toda responsabilidade",[2] ainda que quem o considere louco não perceba isso. Afinal, a loucura é entendida como algo que afasta as pessoas da razão e do controle de si mesmas, dado que muitos criminosos buscam justificar seus atos afirmando ter problemas psiquiátricos ou mesmo apresentando diagnósticos de doenças mentais.

Portanto, não devemos vê-lo simplesmente como um Dom Quixote de Munique, título de um romance inspirado em sua história, publicado em 1934 sob o pseudônimo de Frateco.[3] Nem devemos pensar que faltou alguém dizer a Hitler que ele era louco. Pelo contrário! O próprio Hitler declarou: "Diziam sempre que eu era louco."[4] Para ele, não havia prova maior de sua sanidade do que o fato de seus supostos delírios e fantasias terem se tornado realidade. Se Hitler foi um louco, temos pelo menos que nos perguntar: Como um louco conseguiu tomar o poder da Alemanha e contar com o apoio do povo? Teria sido o nazismo um caso de loucura coletiva?

Afirmar que o nazismo foi uma loucura é outro problema, pois é uma forma de subestimá-lo. Qualificá-lo como loucura ou até mesmo simples irracionalismo acaba sendo uma definição apressada

---

[2] LUKACS, *O Hitler da história*, p. 42.

[3] FRATECO. *Der Don Quijote von München: Roman*. Amsterdam: Nederlandsche Keurboekerij, 1934.

[4] HITLER apud FEST, Joachim. *Hitler*. Edição compacta. Trad. de Analúcia Teixeira Ribeiro et al. Rio de Janeiro: Pocket Ouro, 2010. p. 2.

e cega por não considerar que existe uma *lógica no fascismo*.[5] Ou seja, durante o regime nazista, as pessoas não estavam em um surto coletivo, mas atuaram de acordo com a lógica de suas ideias e vontades. E é aí que está o grande perigo!

Assim, não apenas Hitler "era responsável pelo que fazia, dizia e pensava",[6] como também todos aqueles que o seguiram. Portanto, dizer que Hitler *não* era louco não é uma forma de defendê-lo, mas de não isentá-lo de culpa!

Para além de não ser louco, Hitler também não era um monstro, como muitos afirmam: ele não era um ser demoníaco nem anormal. Dizer isso igualmente o afastaria da responsabilidade pelo que fez. Em vez de ser um monstro, Hitler era um ser humano. "Um ser humano mau!", talvez você tenha pensado. Sim, com certeza! Mas cabe também entender que, sendo um ser humano mau, ele era um ser humano normal. Pois a natureza humana envolve o mal, assim como o bem. Portanto, Hitler e os demais nazistas eram *absolutamente* humanos, como destacou o teólogo Erwin Lutzer.[7]

Foi isso que a filósofa Hannah Arendt (1906-1975) percebeu ao estudar Adolf Eichmann (1906-1962), um dos principais organizadores do Holocausto. Ela concluiu que "o problema de Eichmann era exatamente que muitos eram como ele", ou seja, "muitos não eram nem pervertidos, nem sádicos, mas eram e ainda são *terrível e assustadoramente normais*".[8]

Assim, "o mal em abundância nos manifestados desejos, pensamentos, pronunciamentos e decisões de Hitler"[9] não deve nos levar a vê-lo como um monstro, mas justamente como um ser humano. Somente esse reconhecimento nos ajudará a entender que a maldade manifesta *em ato* em Hitler existe *em potência* (usando a linguagem

---

[5] LACOUE-LABARTHE, Philippe; NANCY, Jean-Luc. *O mito nazista*. Trad. de Márcio Seligmann-Silva. São Paulo: Iluminuras, 2002. p. 25.

[6] LUKACS, *O Hitler da história*, p. 42.

[7] LUTZER, *A cruz de Hitler*, p. 21.

[8] ARENDT, Hannah. *Eichmann em Jerusalém*: um relato sobre a banalidade do mal. Trad. de José Rubens Siqueira. São Paulo: Companhia das Letras, 1999. p. 299. (Grifo do autor.)

[9] LUKACS, *O Hitler da história*, p. 42.

> **Todos temos condições de ser um Hitler, assim como uma madre Teresa de Calcutá.**

de Aristóteles) dentro de cada um de nós. Infelizmente todos temos igual capacidade para o mal, mesmo que não queiramos admitir isso. Todos temos condições de ser um Hitler, assim como uma madre Teresa de Calcutá.

Por essa razão, entendo que o estudo dessa figura histórica não deve envolver *valorização* — uma vez que ele fez coisas horríveis —, porém também não pode partir de uma *preconcepção*. Hitler precisa ser estudado a partir de sua humanidade, e isso requer uma *aproximação*, algo a que não estamos acostumados e que muitos não ousam se permitir, preferindo a confortável visão à distância.

Essa aproximação não deixa de ser uma visão objetiva e, de certo modo, historiográfica sobre o passado.

Como indicou Lukacs, ser objetivo envolve mais do que não se deixar reger por preconceitos; demanda um passo a mais: reconhecer e registrar não apenas os defeitos de Hitler, mas também suas virtudes,[10] por mais estranho que possa parecer.

Os vícios e falhas de Hitler eram inúmeros e terríveis: era *mentiroso*, afirmando publicamente que queria a paz, mas arquitetando planos de guerra; era *pervertido*, não aceitando que falassem palavrões em sua presença, mas secretamente fazendo uso de pornografia; era *cruel*, exigindo que quem conspirasse contra ele fosse torturado e morto de forma lenta e dolorosa.[11]

Porém, Hitler também tinha qualidades. Além de ser talentoso, "era também corajoso, autoconfiante, firme em numerosas ocasiões, leal aos amigos e aos que trabalhavam para ele, disciplinado e modesto em suas necessidades físicas".[12] Qualidades evidentes que precisam ser conhecidas, mesmo que não devam nos levar a esquecer sua maldade.

---

[10] LUKACS, John. *O fim de uma era*. Trad. de Vera Ribeiro. Rio de Janeiro: Jorge Zahar, 2005. p. 149.

[11] LUTZER, *A cruz de Hitler*, p. 18.

[12] LUKACS, *O Hitler da história*, p. 43; repetida em: LUKACS, *O fim de uma era*, p. 149.

NEM LOUCO NEM MONSTRO

Certamente ver Hitler por suas qualidades pode nos causar desconforto. É compreensível! O próprio Lukacs, após a afirmação citada, destacou que "na Alemanha, Hitler é — ainda — um tema tão delicado que poucos historiadores acadêmicos fariam uma afirmação como a formulada anteriormente".[13] E é muito mais fácil ignorar qualquer qualidade e reduzir Hitler a "um oportunista inteiramente sem escrúpulos", apesar de ele ter sido alguém que "mostrava considerável consistência e um poder assombroso de vontade em perseguir os seus fins".[14]

Todavia, como bem lembrou Lukacs, o conhecimento dessas qualidades não deve ser mal interpretado, pois elas não significam que Hitler era só 50% mau.[15] Antes, elas significam que a maldade de Hitler não foi um destino, algo imposto a ele, mas uma escolha, ao longo de sua vida. O fato de possuir qualidades significa que ele optou pela impiedade, embora tivesse dentro de si qualidades morais.

> **A maldade de Hitler não foi um destino, algo imposto a ele, mas uma escolha, ao longo de sua vida.**

Ou seja, como Lukacs, que era cristão, bem colocou: "Deus deu a Hitler numerosos talentos e pontos fortes, e exatamente por esse motivo ele foi responsável por usá-los mal".[16] Hitler, portanto, não é um exemplo de *insanidade*, mas de *pecaminosidade*, se entendermos que suas "tendências malignas (...) foram espirituais, não físicas",[17] isto é, decorreram de seu pecado, e não de uma loucura.

Ainda, como Hitler tinha qualidades, sua maldade nem sempre foi clara para todos — apesar de ela, hoje, ser algo pressuposto. Assim, o grande perigo de Hitler não estava em sua perversidade, que era irrefutável, mas no fato de ela estar envolvida em qualidades

---

[13] LUKACS, *O fim de uma era*, p. 149-50.
[14] BULLOCK apud VOEGELIN, *Hitler e os alemães*, p. 201.
[15] LUKACS, *O fim de uma era*, p. 149.
[16] LUKACS, *O Hitler da história*, p. 43.
[17] LUKACS, *O Hitler da história*, p. 191, nota 84.

excepcionais que conduziram muitos cristãos a segui-lo e até mesmo a realizar o mal em seu nome.

A história de Hitler mostra como é verdadeira a frase do escritor François de La Rochefoucauld (1613-1680): "Existem homens perversos que seriam menos perigosos se não tivessem nada de bom".[18] Afinal, tendo qualidades, algumas pessoas más conseguem enganar a muitos, e talvez Hitler tenha sido o maior exemplo disso.

---

[18] LA ROCHEFOUCAULD apud LUKACS, *O fim de uma era*, p. 149, nota 8.

● CAPÍTULO 2

Sonhos frustrados

*Para conseguir o que conseguiu, Hitler
precisava de talentos acima do ordinário,
que, em suma, beiram o gênio político,
por pior que sejam os seus frutos.*

ALAN BULLOCK

Nosso instinto pode ser o de menosprezar a importância histórica de Hitler a fim de não valorizá-lo. Porém, ao fazer isso, negamos a realidade e nos afastamos da verdade. Por mais que queiramos pensar que Hitler não passou de um "inseto astuto", como definiu o filósofo Karl Jaspers (1883-1969),[1] a verdade é que ele foi alguém marcado por uma grandeza — não moral, mas histórica. Algo que percebemos pelo fato de ele ter sido, "por um decênio, o epicentro da agitação do mundo".[2]

Por mais que Hitler fosse alguém sem escrúpulos, tinha qualidades que beiravam a genialidade. Mas sua importância em seu próprio tempo não somente se deu pelas suas qualidades, como também pela situação da Alemanha na época: genial ou não, Hitler foi o ponto de convergência de inúmeros anseios, angústias e ressentimentos do povo alemão.[3] Ele, mais do que qualquer outro em sua época, identificou o que as pessoas queriam e afirmou que seria ele quem realizaria aqueles desejos. Seria ele que salvaria a Alemanha, a ordem social e até o cristianismo.

---

[1] JASPERS, Karl. *Introdução ao pensamento filosófico*. Trad. de Leonidas Hegenberg e Octanny Silveira da Mota. 21. ed. São Paulo: Cultrix, 2016. p. 68.
[2] FEST, *Hitler*, p. 1.
[3] FEST, *Hitler*, p. 3. (Grifo do autor.)

A IGREJA APOIOU HITLER?

Por conta disso, podemos pensar, como disse Joachim Fest (1926-2006), biógrafo de Hitler, que "sua biografia é, também, a história de uma desilusão progressiva e geral". Com o tempo, as pessoas foram enxergando a realidade, e "o salvador transformou-se no sedutor diabólico"; aquele que se dizia destinado a salvar tantas coisas mostrou que, na verdade, era mais "feito para a destruição, inclusive de sua própria pessoa".[4]

> **A história de Hitler é a história de sonhos frustrados: começa com suas próprias decepções, e depois envolve a desilusão de toda uma nação.**

É fácil se perguntar: como os alemães se enganaram tanto? Como os cristãos se iludiram a ponto de apoiar um ditador sanguinário? Como tantas pessoas caíram no conto do vigário? Acontece que a história de Hitler é a história de sonhos frustrados: começa com suas próprias decepções, e depois envolve a desilusão de toda uma nação.

Antes de Hitler lidar com os sonhos de muitos, ele teve os próprios sonhos perdidos. Filho de Alois Hitler (1837-1903) e Klara Pölzl (1860-1907), Adolf nasceu em Braunau am Inn, na Áustria, no dia 20 de abril de 1889. Ele se tornou órfão cedo: seu pai morreu quando ele tinha apenas 13 anos, e sua mãe, quando ele estava com 18 anos, o que causou profundo sofrimento no jovem.[5] Em 1905, dois anos depois da morte de seu pai, Hitler passou a morar em Viena, capital da Áustria, por conta do sonho de estudar na Academia de Belas-Artes e se tornar um artista.

Para nós, hoje, sabendo todo o mal que ele fez, é até difícil imaginar que Hitler já foi um bebê e, depois, uma criança. É talvez até indigesto pensar nele como um garoto sensível e um filho amoroso, que apreciava a natureza e tinha uma veia artística, em vez de ser um ditadorzinho.

---

[4] FEST, *Hitler*, p. 3-5.
[5] LUKACS, *O Hitler da história*, p. 49.

Ainda jovem, em Viena, Hitler guardava pães velhos para alimentar esquilos e pássaros,[6] e pintava prédios, paisagens e temas religiosos que o inspiravam. Seus quadros são belas obras que, quando vistas por alguém que desconhece esse lado de Hitler, causam grande estranhamento.

Mutter Maria, de Adolf Hitler. Óleo sobre tela, 1913 (domínio público/Wikimedia Commons)

Porém, o sonho não se realizou. Adolf não conseguiu entrar na academia e abandonou a pretensão de se tornar artista. Frustrado, culpou a tudo e a todos, menos a si mesmo, se revoltando contra a burguesia, o sistema e as regras.[7] Em vez de buscar um trabalho formal, viveu como um boêmio, gastando suas economias e dormindo nas ruas.[8]

---
[6] LUTZER, *A cruz de Hitler*, p. 18.
[7] NASCIMENTO, Rubens Eduardo Correira do. *A Igreja e a suástica*: posicionamentos teológicos das igrejas protestantes alemãs no contexto nazista. 2022. 59 f. Trabalho de Conclusão de Curso (Bacharelado em Teologia) – Faculdades Batista do Paraná, Curitiba, Paraná, Brasil. p. 20.
[8] EVANS, Richard. *A chegada do Terceiro Reich*. 3. ed. Trad. de Lúcia Brito. São Paulo: Planeta, 2016. p. 217.

A IGREJA APOIOU HITLER?

Com o início da Primeira Guerra Mundial, em 1914, decidiu mudar completamente de situação, entrando para o exército alemão. Participou da guerra e se contentou em limitar sua veia artística à escrita de poemas nas trincheiras. Apesar de lutar bravamente, nunca foi promovido para além do posto de cabo, por ser um estrangeiro no exército alemão (como vimos, ele era austríaco).

Desse modo, Hitler pôde lutar pelo "seu bem-amado país adotivo naquilo que julgava ser, diz ele, uma luta pela sua sobrevivência", como também "fugir de todos os fracassos e frustrações de sua vida pessoal".[9] Com a guerra, porém, veio uma nova decepção: a derrota da Alemanha.

Segundo relatou, após o fim da guerra, "seguiram-se dias terríveis e noites mais terríveis ainda", pois "sabia que tudo estava perdido".[10] Foi um trauma terrível, mas, ao mesmo tempo, parece ter sido esse o momento que a chave virou em sua vida: hospitalizado devido a uma cegueira temporária causada pelo gás mostarda, Hitler ouviu a avassaladora notícia da derrota pela boca de um pastor e, naquela ocasião, teve "uma experiência de conversão, um chamado à política".[11]

Entendeu que, não sendo possível realizar seu sonho de ser artista, poderia se tornar político e ter, em suas mãos, os sonhos de todo um povo. Assim, apesar de não ser alemão, se apresentou como aquele que seria o realizador dos anseios dos alemães, restaurando a Alemanha e transformando-a na maior potência do mundo, como estava destinada a ser.

Hitler tinha uma vantagem ao liderar uma nação estrangeira: não estava preso à identidade cultural ou mesmo à identidade de nação, tendo *escolhido* a Alemanha. Ao mesmo tempo, se considerava um alemão por raça, um germânico, sendo um defensor do *pangermanismo*: a visão de que a raça alemã estaria espalhada em inúmeras nações de povos germânicos, incluindo a Áustria, que deveriam ser unificadas.

---

[9] SHIRER, William L. *Ascensão e queda do Terceiro Reich, Volume I*. Trad. de Pedro Pomar. Rio de Janeiro: Agir, 2008. p. 48.
[10] HITLER, Adolf. *Minha luta*. Trad. de Klaus Von Puschen. São Paulo: Centauro, 2001. p. 133.
[11] LUTZER, *A cruz de Hitler*, p. 46.

SONHOS FRUSTRADOS

Por essa razão, mesmo não tendo nascido em solo alemão, pôde se valer do nacionalismo que, naquele momento, estava marcado por frustrações. O Império Alemão, conhecido como *Segundo Reich*, iniciado em 1871 pela unificação alemã comandada por Otto von Bismarck (1815–1898), estava destinado a crescer cada vez mais, dominando os territórios ao redor. Porém, com a derrota na Primeira Guerra Mundial, os sonhos imperiais foram por água abaixo.

A Alemanha, que sempre fora uma potência, encontrava-se em profunda crise econômica, e nela permaneceu durante a República de Weimar (1918–1933), estabelecida "no rastro de traumas nacionais sem precedentes".[12] Durante esse período, a inflação era tão alta que o dinheiro, valendo praticamente nada, servia de brinquedo para as crianças. Em 1918, 1 dólar valia 4,2 marcos alemães; em 1924, 1 dólar chegou a valer 4 trilhões de marcos, tomando-se necessária a criação de uma nova moeda, o *Rentenmark*, que valia 1 trilhão de marcos.

A crise foi causada pelo Tratado de Versalhes, um "acordo" imposto aos alemães com o fim da Primeira Guerra, que incluía o pagamento de pesadas indenizações aos vencedores do conflito. Os alemães viam o tratado como uma verdadeira humilhação, especialmente por incluir uma cláusula de culpa, na qual a Alemanha admitia ter sido a responsável pela guerra.[13]

A ascensão de Hitler ao poder não teria sido possível sem a Primeira Guerra Mundial, sem o impacto traumático da derrota militar alemã, sem a humilhação do Tratado de Versalhes e sem as crises econômicas da República de Weimar. Além de tudo isso, havia aquilo que foi o grande trunfo de Hitler: o medo de uma revolução comunista,[14] como veremos nos próximos capítulos.

Se todas essas coisas o ajudaram a subir ao poder, foi a aparente realização dos desejos nacionais que fez muitos o apoiarem depois. Entre 1933, quando se tornou chanceler da Alemanha, e 1939, quando

---

[12] WISTRICH, Robert S. *Hitler e o Holocausto*. Trad. de José Roberto O'Shea. Rio de Janeiro: Objetiva, 2002. p. 61.

[13] SONDHAUS, Lawrence. *A Primeira Guerra Mundial*: história completa. Trad. de Roberto Cataldo. São Paulo: Contexto, 2014. p. 19.

[14] WISTRICH, *Hitler e o Holocausto*, p. 17.

A IGREJA APOIOU HITLER?

começou a Segunda Guerra Mundial, Hitler fez "realizações tão espantosas que muitos cristãos o viam como resposta às suas orações".[15] Para certos cristãos, Hitler era uma espécie de salvador, aquele que realizou o que mais desejavam, seus propósitos nacionalistas — muitos chegaram a ponto de substituir, em casa, imagens de Cristo por retratos de Hitler.

Em poucos anos no poder, Hitler conseguiu muitas façanhas: restaurou a economia falida da Alemanha; repudiou o Tratado de Versalhes e recuperou a Renânia, que havia sido entregue aos Aliados; proporcionou férias a milhões de alemães; praticamente acabou com o desemprego; controlou a criminalidade. Assim, ele "deu aos alemães uma razão para acreditar em si mesmos e para sonhar que podiam novamente se tornar uma grande nação".[16]

Hoje, vendo a destruição que Hitler causou, automaticamente ligamos seu nome a pessoas mortas e cidades destruídas. No entanto, antes da guerra, os alemães ligavam seu nome a outras coisas. Para nós, brasileiros, é quase impossível imaginar como era a vida dos alemães: um país em que quase ninguém passava fome ou ficava desempregado; uma nação com crescente nivelamento de classes, uma grande classe média; cidades com numerosas áreas verdes e grande segurança.[17]

Olhando apenas para esses fatos, muitos cristãos alemães podiam cair no erro de ver Hitler como um grande estadista ou mesmo um herói. Afinal, ele parecia estar realizando os sonhos frustrados de milhões de pessoas, de modo que o Terceiro Reich (a forma com que o regime nazista se intitulava) se afirmava não somente sucessor do Segundo Reich, como também realizador daquilo que fora apenas um desejo de seus antepassados.

Com a Segunda Guerra Mundial, Hitler levou sua ambição às últimas consequências, realizando o maior banho de sangue da história (cerca de 70 milhões de mortos) para que o sonho alemão fosse realizado. A fim de alcançar seu paraíso, ele promoveu "uma

---

[15] LUTZER, *A cruz de Hitler*, p. 19.
[16] LUTZER, *A cruz de Hitler*, p. 20.
[17] LUKACS, *O Hitler da história*, p. 79.

espécie de inferno terreno"[18] que incluía campos de concentração, nos quais cerca de 6 milhões de judeus foram mortos, assim como outros milhões que morreram por serem ciganos, testemunhas de Jeová, homossexuais e/ou comunistas. Tais campos já haviam sido criados por ele em 1933, para enclausurar presos políticos e sindicalistas, mas eram pouco conhecidos.

Com o tempo, Hitler mostrou sua verdadeira face, e inúmeros cristãos, progressivamente desiludidos, perceberam o mal que haviam permitido crescer com seu apoio, ou mesmo silêncio. Muitos despertaram e tentaram reverter o desastre, ou pelo menos sanar o mal conforme podiam, escondendo judeus ou tramando secretamente contra o regime nazista.

Outros cristãos, porém, continuaram apoiando o nazismo, nos deixando uma dúvida dolorosa: "Por que o povo alemão, e mais especialmente a Igreja, não se afastou de Hitler quando seus verdadeiros planos se tornaram conhecidos?".[19] A resposta parece ser que muitos compartilhavam das terríveis ideias de Hitler, enquanto outros preferiram crer em suas promessas e se mantiveram no curso destrutivo, visando ao cumprimento dos sonhos nacionalistas. Assim como no tempo de Jesus, muitos escolheram Barrabás, uma espécie de Messias político, colocando o sonho de um reino terreno acima dos valores do reino celestial.

> **Assim como no tempo de Jesus, muitos escolheram Barrabás, uma espécie de Messias político, colocando o sonho de um reino terreno acima dos valores do reino celestial.**

Tendo consciência disso, Hitler fez da política sua arte, envolvendo a Igreja em sua trama desde o começo, a fim de seduzir os

---

[18] ARENDT, Hannah. *A dignidade da política*: ensaios e conferências. Trad. de Helena Martins, Frida Coelho, Antonio Abranches, César Almeida, Claudia Drucker e Fernando Rodrigues. 3. ed. Rio de Janeiro: Relume-Dumará, 2002. p. 70.

[19] LUTZER, *A cruz de Hitler*, p. 21.

cristãos. Fez isso sabendo que estes compartilhavam dos sonhos de uma nação e que muitos estavam submersos em medo e ódio, elementos que ele entendia como necessários para a realização de seus propósitos.

● CAPÍTULO 3

Medo e ódio

Em todos os banquetes oferecidos pelo Diabo, é, em última instância, o ódio sectário que age com a maior eficácia, chegando aos limites do horror.

GOETHE

Medo e ódio são sentimentos poderosos que movem muitas pessoas. Diversas ações são estimuladas por essas emoções. Porém, ao mesmo tempo, muitas coisas deixam de ser feitas por medo e ódio. Essas emoções, portanto, podem tanto mobilizar como imobilizar, impulsionar e aprisionar.

Como manipulador de sentimentos, Hitler soube perceber o medo e o ódio em muitos corações, alimentando-os e direcionando-os através de seus discursos e propostas políticas. E, sabendo desse poder conjunto do medo e do ódio, mobilizou certas pessoas e aprisionou outras. Assim, enquanto muitos, pelo ódio que nutriam pelos judeus, depredaram suas casas, os ofenderam e até os mataram, outros, por medo, não fizeram nada, ficando em silêncio.

Como manipulador de sentimentos, Hitler soube perceber o medo e o ódio em muitos corações, alimentando-os e direcionando-os através de seus discursos e propostas políticas.

Hitler foi o político do ódio, afirmando, por exemplo: "Há apenas desafio e ódio, ódio e mais ódio!".[1] O ódio, para ele, era não somente

---

[1] HITLER apud LUKACS, *O Hitler da história*, p. 61.

um meio para se realizar aquilo que se deseja, mas também algo em que tinha prazer, um prazer quase sexual. Como afirmou Hermann Rauschning, amigo de Hitler que, depois, mudou de lado: "O ódio é como o vinho para ele, o intoxica".[2]

Para se justificar, Hitler pintava o ódio como uma virtude, não um defeito, atribuindo-o até mesmo a Deus, conforme explicou a Joseph Goebbels, seu ministro da Propaganda: "Deus favoreceu generosamente nossa luta. A dádiva mais bela que Deus nos concedeu foi o ódio de nossos inimigos, a quem nós, de nossa parte, odiamos do fundo do coração".[3]

O grande segredo do sucesso de Hitler não foi criar esses sentimentos, mas fortalecer o que já existia. Antes de ele entrar na política, o medo e o ódio já marcavam presença no coração de muitos alemães com relação a certos grupos, especialmente o ódio para com os judeus e o medo dos comunistas. Certamente essas emoções foram as obsessões fundamentais de Hitler,[4] todavia, o apoio que conseguiu se deu pelo fato de que elas também eram obsessões de muitos alemães.

Os sentimentos dos alemães contra os judeus não eram restritos ao ódio: em grande medida, o ódio implacável pelos judeus era fruto de um imenso medo. Os dois sentimentos se somaram, alimentando um ao outro. Como lembra o historiador Jean Delumeau (1329-2020), o judeu "é odiado porque o temem".[5]

O medo e o ódio aos judeus eram anteriores a Hitler. Séculos antes do nazismo existir, a Europa havia sido palco de uma intensa perseguição de cristãos contra judeus. Eles eram forçados, mediante ameaças, a abraçar o cristianismo ou o islã.[6] Muitas vezes tiveram que fugir, trocando de cidade ou mesmo de continente, partindo para o Oriente e para a América, a fim de se salvarem.

---

[2] RAUSCHNING apud LUTZER, *A cruz de Hitler*, p. 75.
[3] HITLER apud LUKACS, *O Hitler da história*, p. 61.
[4] LUKACS, *O fim de uma era*, p. 146.
[5] DELUMEAU, Jean. *História do medo no Ocidente, 1300-1800*: uma cidade sitiada. Trad. de Maria Lucia Machado. São Paulo: Companhia das Letras, 2009. p. 426.
[6] FALBEL, Nachman. *Kiddush HaShem*: crônicas hebraicas sobre as Cruzadas. São Paulo: EdUSP; Imprensa Oficial do Estado, 2001. p. 272.

MEDO E ÓDIO

Acusados de serem deicidas,[7] ou seja, assassinos de Deus, os judeus foram responsabilizados pela morte de Jesus Cristo,[8] e muitos cristãos utilizavam isso como justificativa para persegui-los. Citando as palavras do povo judeu, que pediu a crucificação de Jesus — "Que o sangue dele caia sobre nós e sobre nossos filhos!" (Mateus 27:25) —, muitos cristãos se viram no direito de derramar sangue judaico, afirmando fazer a vontade de Deus.

A Primeira Cruzada (1096-1099), apesar de ter como destino a Terra Santa, que era dominada por muçulmanos, começou justamente com um massacre de judeus na Renânia, atual Alemanha.[9] Esse é um lado pouco conhecido da "Guerra Santa" medieval, mas que tem uma história que pode, e deve, ser conhecida do ponto de vista judaico. No texto conhecido hoje como *Anônimo Mainz*, por exemplo, os cruzados não são os heróis, como se costuma retratar. Os verdadeiros heróis[10] são os judeus que, perseguidos pelos cristãos, morreram por sua fé. Por meio da morte deles, houve o *kiddush HaShem*, a santificação do nome de Deus, em que ofereceram a si mesmos como sacrifício nas mãos de seus inimigos .

Outra justificativa para as ações contra os judeus era a crença de que eram "agentes de Satã".[11] Os judeus eram vistos em conjunto com outros grupos associados ao Diabo, como os muçulmanos, os hereges e as bruxas.[12] Foi com essa mentalidade que o reformador Lutero, herdeiro da tradição medieval, afirmou ser necessário "salvarmos nossas almas dos judeus, isto é, do Diabo e da morte eterna".[13]

Os judeus eram acusados das maiores atrocidades: envenenar poços, causando, assim, a peste negra; fazer feitiçarias para acabar com o cristianismo; e até mesmo realizar o libelo de sangue,

---

[7] LE GOFF, Jacques. *O Deus da Idade Média:* conversas com Jean-Luc Pouthier. 2. ed. Trad. de Marcos de Castro. Rio de Janeiro: Civilização Brasileira, 2010. p. 119.

[8] RUPPENTHAL NETO, Willibaldo. *História do cristianismo I*. 2. ed. Curitiba: Fabapar; Pão Diário, 2022. p. 81.

[9] WISTRICH, *Hitler e o Holocausto*, p. 38.

[10] CHAZAN, Robert. *The Jews of Medieval Western Christendom, 1000-1500*. Cambridge: Cambridge University Press, 2006. p. 280.

[11] DELUMEAU, *História do medo no Ocidente, 1300-1800*, p. 414ss.

[12] RUPPENTHAL NETO, *História do cristianismo I*, p. 83.

[13] LUTERO apud ALTMANN, Walter. "Lutero, defensor dos judeus ou anti-semita? Exercícios a partir de textos de Lutero". *Estudos Teológicos*, v. 33, n. 1, 1993. p. 74-82, esp. p. 77.

acusação de assassinar crianças cristãs e utilizar o sangue delas para preparar os *matzot* (pães ázimos) da *Pessach* (Páscoa). Esse assassinato supostamente incluiria a tortura da criança, tirando seu sangue, e até sua crucificação.

Esses boatos fizeram muitos judeus serem acusados e, inclusive, mortos. Havia alguma prova contra eles? Em alguns casos, os acusadores se valiam do simples fato de haver crianças desaparecidas. Em outros, as condenações eram feitas mesmo não havendo qualquer desaparecimento ou cadáver. Contavam apenas com a confissão dos judeus acusados, que se dava após longa e terrível tortura, como foi o caso do santo Niño de La Guardia.[14]

Hoje, consideramos essas acusações um completo absurdo, uma vez que as "confissões" eram apenas a forma de os judeus pararem as torturas, realizadas até confessarem algum crime. Porém, naquele tempo, muitos cristãos medievais acreditavam nessas histórias e viam nos judeus "uma das faces do Diabo".[15]

Há quem tente distanciar o preconceito cristão medieval do racismo nazista, afirmando que, no primeiro caso, seria um antijudaísmo e, no segundo, um antissemitismo. Conforme essa distinção, o antijudaísmo que os cristãos demonstraram seria uma oposição religiosa ao judaísmo, e o antissemitismo de Hitler, uma oposição racial aos judeus. Pode-se tomar como exemplo o caso do reformador Martinho Lutero, que fez uma crítica religiosa, e não racial, contra os judeus,[16] aceitando-os caso se convertessem — diferentemente de Hitler, que não lhes dava escolha alguma.

No entanto, é evidente que o antissemitismo nazista obteve seu argumento e seu apelo emocional no antijudaísmo cristão, por

---

[14] Em 1491, em Astorga, foi preso um "converso" (judeu convertido ao cristianismo) que, segundo os relatos da Inquisição, teria confessado um crime hediondo realizado por ele, outros cinco conversos e outros cinco judeus. Os onze teriam torturado e crucificado uma criança em La Guardia em 1488, realizando um ritual com o coração da criança e uma hóstia a fim de, por forças ocultas, restaurar o judaísmo. A história ganhou detalhes, tornando-se uma lenda conhecida, e a criança ganhou o nome de Cristóbal, sendo considerada um santo da Igreja Católica. RUPPENTHAL NETO, Willibaldo. *História do cristianismo II*. Curitiba: Fabapar; Pão Diário, 2022. p. 43ss.

[15] DELUMEAU, *História do medo no Ocidente, 1300-1800*, p. 417.

[16] Cf. ALTMANN, "Lutero, defensor dos judeus ou anti-semita?", p. 79.

mais que não se possa determinar a medida dessa influência.[17] Lutero, como veremos no próximo capítulo, era citado pelos nazistas, ainda que de forma deturpada. Ou seja, embora antijudaísmo e antissemitismo sejam diferentes, estão relacionados, de modo que um preconceito alimentou o outro e lhe deu força.

As tentativas de diferenciá-los, fazendo uso de termos diferentes, pode até mesmo gerar a ilusão de que a Igreja não participou do antissemitismo nazista.[18] Porém, isso infelizmente não é verdade.

A verdade é mais sombria e complexa: Hitler se valeu de uma oposição que era religiosa em sua origem, mas que já se tornava um preconceito racial. Com certeza, foi bastante útil para ele o fato de já existir uma visão negativa a respeito dos judeus, herdada da Idade Média. Certamente a oposição de Hitler é muito diferente daquela da Igreja medieval, contudo, apesar de envolverem acusações diferentes, em ambos os casos há semelhanças na rejeição e demonização dos judeus,[19] estabelecendo preconceitos que vão para além do campo religioso ou político. Até porque considerar os judeus "usurários ferozes" e "sanguessugas dos pobres", como diziam os cristãos medievais,[20] nada tinha a ver com a religião judaica, e nem sempre se tornar um *converso* (convertido ao cristianismo) livrava um judeu de perseguições.

Sendo assim, o preconceito medieval contra os judeus serviu de base para o florescimento do medo e do ódio aos judeus, espalhados pela Europa. Esses sentimentos foram utilizados por Hitler para seus propósitos; como bem colocou o historiador Robert S. Wistrich (1945-2015), "um solo adubado durante séculos por esse tipo de demonologia fez o Holocausto germinar", levando o antissemitismo a ser "um instrumento de mobilização de massas extremamente eficaz".[21]

---

[17] ARENDT, Hannah. *The Origins of Totalitarianism*. Nova York: Schoken, 2004.

[18] FAVRET-SAADA, Jeanne. Uma distinção imprecisa: anti-judaísmo e antissemitismo. *Cadernos de Campo*, v. 31, n. 2, 2022, p. 1-7.

[19] GEIGER, Paulo. "O anti-semitismo". In: FUKS, Samuel (org.). *Tribunal da história, volume 2*: processo de formação da identidade judaica e do anti-semitismo. Rio de Janeiro: Imago; Centro de História e Cultura Judaica, 2008. p. 260.

[20] DELUMEAU, *História do medo no Ocidente, 1300-1800*, p. 415.

[21] WISTRICH, *Hitler e o Holocausto*, p. 39, 67-8.

A IGREJA APOIOU HITLER?

É importante destacar que o nazismo secularizou e, principalmente, radicalizou[22] a imagem negativa do judeu, de modo que, com o racismo hitlerista, a oposição aos judeus ganhou uma nova agressividade e uma nova dimensão.[23] Antes de Hitler, muitos viam os judeus com desconfiança, considerando-os pessoas terríveis. Com o nazismo, esses mitos mentirosos foram ampliados e aprofundados, transformando os judeus na maior ameaça do mundo.

Claro que outros vieram antes de Hitler. O compositor Richard Wagner (1813-1883), por exemplo, chegou a afirmar em 1881 que talvez fosse "o último alemão capaz de se impor diante do judaísmo, que já a tudo governa". [24] Porém, com Hitler, essa ideia se tornou praticamente um *slogan* e até mesmo uma justificativa de governo. Para o combate aos judeus realmente ter força e dar poderes a Hitler, era necessário que eles fossem identificados como forças do mal quase onipotentes. Desse modo, eles seriam odiados sem clemência.[25]

Era fundamental que Hitler tratasse os judeus não como um povo submetido ao domínio de outros, o que era a realidade, mas como uma raça que, apesar das aparências, tinha um poder mundial, "uma força 'judaica' onipotente".[26] Por isso, ele se aproveitou do boato de que os judeus estavam por trás do comunismo, assim como do mito de uma conspiração judaico-bolchevique, que visava dominar o mundo. Essas teorias da conspiração de que os judeus estavam manipulando todas as coisas para governar o planeta, e que usariam o comunismo para isso, já eram defendidas antes de Hitler.

Ao afirmar que os judeus comunistas queriam o fim da Alemanha,[27] Hitler pôde conduzir os anticomunistas ao antissemitismo e vice-versa.[28] Assim, conseguiu unir diferentes sentimentos

---

[22] WISTRICH, *Hitler e o Holocausto*, p. 40.
[23] DELUMEAU, *História do medo no Ocidente, 1300-1800*, p. 414.
[24] WAGNER apud WISTRICH, *Hitler e o Holocausto*, p. 25. (Grifo do autor.)
[25] MAGALHÃES, Marion Brepohl de. "Campo de concentração: experiência limite". *História: Questões & Debates*, v. 18, n. 35, 2001, p. 61-80, esp. p. 67.
[26] WISTRICH, *Hitler e o Holocausto*, p. 14.
[27] WISTRICH, *Hitler e o Holocausto*, p. 47.
[28] RUPPENTHAL NETO, *História do cristianismo II*, p. 99.

negativos ao expandir o peso da antiga oposição aos judeus, contaminando também os inimigos mais recentes, os comunistas. Hitler soube "usar este ódio em proveito próprio".[29]

Propaganda antissemita polonesa, 1919. Lenin é retratado em primeiro plano com um aspecto demoníaco; sua sombra, ao fundo, contém a estrela comunista sobreposta pela estrela de Davi. No canto direito, uma igreja está em chamas. No texto se lê: "Mãos judaicas de novo? Não, nunca!" (domínio público/Wikimedia Commons)

Certamente, um grupo de pessoas espalhadas pelo mundo não causaria o medo de que Hitler precisava. O judeu real, portanto, não era o inimigo verdadeiro a ser derrotado, contra quem seria

---

[29] PEDROSA, Edmar dos Santos. "Lutero e o nazismo — o perigo da acepção de pessoas". *Revista Ensaios Teológicos*, v. 2, n. 1, 2016, p. 30-49.

necessário investir todas as forças. Somente o judeu ideal, o "mítico inimigo judeu",[30] poderia ser visto como o verdadeiro inimigo. Para servir a um propósito de dominação, o inimigo tem que ser aquele que "nunca está por terra, sempre se encontra de pé e triunfante".[31]

Essa ilusão gerada pelo mito nazista parece ter dominado até mesmo a mente dos que lideraram campos de concentração, embora o extermínio em massa dos judeus comprovasse a fraqueza deles.[32] Rudolf Hoess (1901-1947), comandante de Auschwitz, a mais famosa rede nazista de campos de concentração, chegou a declarar que o método dos campos era o jeito de se defenderem do perigo dos judeus, "o único meio de proteger o povo contra as suas atividades nefastas".[33] É isso mesmo que você leu: *proteger*!

Cego para a realidade, Hoess mostrou que estava imerso no "microcosmo da estrutura socioafetiva que produziu os perpetradores dos crimes e brutalidades durante o regime nazista".[34] Ou seja, ele realmente acreditava que os judeus constituíam uma ameaça, e escolheu fazer o mal porque os temia. Ele parece ter sido sincero em suas palavras, que mostram uma autêntica incapacidade de ver para além de seu medo. Hoess não conseguia enxergar a realidade que estava diante de seus olhos: os judeus não apresentavam perigo algum. O comandante estava preso no universo mental de *Sieg oder Untergang*, "vitória ou queda", considerando que a relação com os judeus era uma questão de matar ou morrer.

Caso admitisse que os judeus não eram perigosos, um nazista veria seu propósito se dissipar. Essa era a questão psicológica por trás disso. Afinal, os "judeus e 'bolcheviques', vestidos em trajes demoníacos, desempenhavam papéis cruciais no melodrama hitleriano do ódio":[35] foi a suposta ameaça judaica e comunista que

---

[30] WISTRICH, *Hitler e o Holocausto*, p. 15.
[31] CIORAN, Emil. *História e utopia*. Trad. de José Thomaz Brum. Rio de Janeiro: Rocco, 2011. p. 67.
[32] WISTRICH, *Hitler e o Holocausto*, p. 14.
[33] HOESS apud MAGALHÃES. "Campo de concentração: experiência limite", p. 73. (Grifo do autor.)
[34] MAGALHÃES, "Campo de concentração: experiência limite", p. 72.
[35] GODMAN, Peter. *O Vaticano e Hitler*: a condenação secreta. Trad. de Evandro Ferreira e Silva. São Paulo: Martins Fontes, 2007. p. 10.

serviu de justificativa para muitos alemães abraçarem a ditadura nazista ou, pelo menos, a tolerarem.

Se essa suposta ameaça não fosse verdadeira, ou se fosse exagerada, os alemães defensores da ditadura hitleriana teriam de admitir que ela era um erro. Essa era a armadilha ideológica na qual Hitler prendeu seus seguidores. Dessa forma, os líderes nazistas fariam qualquer coisa, menos questionar se Hitler estava certo. Tirariam sua vida e a de seus familiares, como disse Hoess, por ordem do Führer,[36] mas não admitiriam, nem mesmo cogitariam, que seu líder estava errado.

Cabe notar que Hitler não foi uma exceção na história da política. São muitos os políticos que percebem ser mais fácil manipular as massas quando elas possuem "uma inteligência de rebanho",[37] isto é, quando não pensam de forma crítica e simplesmente agem por instinto, cegas por sentimentos e preocupações.

Esse tipo de manipulação se torna ainda mais fácil e efetivo quando se provocam os instintos de medo e ódio. Foram esses que cegaram muitos cristãos, impedindo que vissem a verdadeira face de Hitler. Preocupados com a destruição dos judeus ou em se defender da ameaça comunista, muitos cristãos foram seduzidos pela falsa imagem que o Führer construiu para si mesmo: a de um Hitler cristão. Uma impressão que todo político pode tentar passar, por mais distante que esteja de Jesus Cristo.

---

[36] LUTZER, *A cruz de Hitler*, p. 76-7.
[37] JASPERS, *Introdução ao pensamento filosófico*, p. 139.

● CAPÍTULO 4

O Hitler cristão

*O ópio do povo não é a religião,
mas a revolução.*

SIMONE WEIL

Hoje, olhando para trás, temos plena consciência de que Hitler não tinha nada de cristão. Por isso, nos assustamos quando pensamos que "o antirreligioso e anticatólico Hitler",[1] evidentemente distante da proposta do evangelho, teve o apoio, mesmo que parcial e temporário, de muitos cristãos, tanto católicos como protestantes. E a verdade nua e crua da incapacidade dos cristãos de "perceberem o perigo que o antissemitismo racista representava para o futuro do cristianismo"[2] é inacreditável.

Hitler, bem como os principais líderes nazistas, além de não ser cristão, era um anticristão fanático. Para ele, o cristianismo, que considerava uma invenção dos judeus, foi um golpe contra a humanidade.[3] Porém, para subir ao poder e se manter nele, Hitler passou outra imagem a seus contemporâneos, considerando que a maior parte dos alemães era cristã.

Assim, o Führer tinha duas posturas completamente opostas: em público, destacava que era católico, tendo sido batizado na infância, e até mesmo se dizia defensor da cristandade; no privado, entre seus amigos e liderados mais próximos, debochava da fé cristã e tramava meios de eliminar o cristianismo, estando determinado a extirpá-lo,[4] mas imaginando que "teria de esperar até o fim da luta"[5] por precisar do apoio dos cristãos.

---

[1] LUKACS, *O Hitler da história*, p. 72.
[2] WISTRICH, *Hitler e o Holocausto*, p. 188.
[3] HITLER apud WISTRICH, *Hitler e o Holocausto*, p. 189.
[4] WISTRICH, *Hitler e o Holocausto*, p. 18.
[5] LUKACS, *O Hitler da história*, p. 74.

Suas palavras, portanto, na maioria das vezes não devem ser tomadas como expressão de suas ideias, visto que eram sobretudo meio de convencimento, pois ele falava justamente aquilo que as pessoas desejavam ouvir. Como sugeriu o escritor Peter Godman, podemos pensar em Hitler como um ventríloquo, pois, "tal como um ventríloquo traiçoeiro, o Führer tinha muitas vozes".[6]

Acontece, no entanto, que Hitler era o ventríloquo e o boneco ao mesmo tempo, transformando-se em personagem do teatro político que construiu.[7] Em vez de viver conforme acreditava, "durante toda a vida Hitler empenhou-se em dissimular e em idealizar um personagem para si mesmo".[8] Um personagem que não declarava o que realmente pensava, mas aquilo que lhe traria vantagens.

Muitos, hoje, não percebendo essa manobra de Hitler, têm afirmado que ele era de esquerda ou de direita[9] a fim de, com isso, validarem seu posicionamento ideológico e político em oposição ao ditador. Todavia, Hitler era tanto revolucionário como reacionário, e não uma coisa ou outra. Ele fazia uso de ambos os aspectos, utilizava diferentes matizes políticos e ideológicos a seu bel-prazer, optando por aquilo que lhe trouxesse proveito naquele momento.[10] Hitler, portanto, criou sua própria ideologia revolucionária, transcendendo as atuais ideias de esquerda e direita.[11]

Desse modo, quando falava para um público revolucionário, Hitler afirmava ser revolucionário.[12] Para agradar um público cristão mais conservador, ele não somente se declarava anticomunista, como também destacava que seu governo seria um decidido protetor do cristianismo, bem como da "ordem moral comum e da família como célula básica do povo e do corpo de nossa nação".[13]

---

[6] GODMAN, *O Vaticano e Hitler*, p. 2.

[7] BULLOCK apud VOEGELIN, *Hitler e os alemães*, p. 200.

[8] FEST, *Hitler*, p. 5.

[9] Cabe lembrar que a própria definição dos termos é complicada, pois os conceitos de "esquerda" e "direita" são bastante variáveis, sendo mais pressupostos pelas pessoas, seus sentimentos e identidades do que estabelecidos em estudos políticos.

[10] RUPPENTHAL NETO, *História do cristianismo II*, p. 99.

[11] LUKACS, *O Hitler da história*, p. 86.

[12] LUKACS, *O Hitler da história*, p. 68.

[13] HITLER apud LUKACS, *O Hitler da história*, p. 73. (Grifo do autor.)

Nós, que conhecemos o fim dessa história, olhamos para trás e julgamos os cristãos que escolheram apoiar Hitler. Mas para nós é fácil! Sabemos que ele estava apenas encenando. Todavia, para eles, que não tinham a visão do todo, era muito atraente a ideia de a Alemanha ser comandada por alguém que, além de ser cristão, se colocava como defensor do cristianismo tal como Hitler afirmava.

> **Era muito atraente a ideia de a Alemanha ser comandada por alguém que, além de ser cristão, se colocava como defensor do cristianismo tal como Hitler afirmava.**

Hitler, portanto, seduziu a Igreja com promessas de segurança, fazendo de conta que estava ao lado dela. Foi uma tentação semelhante àquela dos cristãos do século 4, quando, após terríveis perseguições, puderam contar com Constantino, imperador cristão e promotor do evangelho, que em contrapartida submeteu a Igreja a suas decisões e direções. Uma das consequências disso foi a união da Igreja com o Estado — mas, naquele momento, essa não era a maior das preocupações daqueles cristãos. Afinal, estavam empolgados com a nova situação política que, de tão boa, parecia providência divina. Agiram, então, de forma bastante ingênua, levados por um otimismo cego.

Esse otimismo, por exemplo, fez com que o bispo Eusébio de Cesareia (c. 265-339), um dos pais da Igreja, exagerasse as virtudes de Constantino e ignorasse seus vícios.[14] Esse mesmo otimismo, no contexto da Alemanha do início do século 20, parece ter levado muitos cristãos a não enxergarem os grandes defeitos de Adolf Hitler e o potencial perigo que ele trazia ou a fecharem os olhos para o que não era agradável.

Muitos, assim, "consideravam Hitler como um homem da direita, e isso era o que *ele*, nesse momento, queria que pensassem".[15]

---

[14] Cf. LEITHART, Peter. *Em defesa de Constantino:* o crepúsculo de um Império e a aurora da cristandade. Trad. de Natan Sales de Cerqueira. Brasília: Monergismo, 2020. p. 31-2.
[15] LUKACS, *O Hitler da história*, p. 72.

Seu desejo era de que os cristãos o considerassem cristão e, se possível, o salvador que os protegeria do terrível perigo que crescia: o comunismo.

O comunismo, baseado nas ideias de Karl Marx (1818-1883) e Friedrich Engels (1820-1895), é fundamentado no ateísmo: apresenta uma proposta econômica e social, mas parte do pressuposto de que a religião é resultado do sistema econômico. De acordo com Marx, ela é "o ópio do povo" porque "age como calmante"[16] e torna as pessoas conformadas, fazendo com que não usem a força para realizar uma revolução.

Mesmo assim, Marx defendia que não seria necessário combater o cristianismo e as demais religiões diretamente,[17] pois, com a revolução, Deus seria esquecido e ninguém sentiria sua falta.[18] Devia-se, em vez disso, focar na revolução e, através dela, na eliminação dos elementos que causavam diferenças entre as pessoas, como a propriedade privada e a família.

Assim, em vez de perseguir o cristianismo, segundo Marx, seria mais efetivo criticar a ideia de família, pois, "uma vez descoberto que a família terrestre é o segredo da sagrada família, é a primeira que deve ser criticada na teoria e revolucionada na prática".[19] Ou seja, eliminando-se a ideia de família, se eliminaria o cristianismo, religião fundamentada na ideia de uma família divina.

Porém, quando o comunismo foi colocado em prática com a União Soviética (URSS), após a Revolução Russa (ou Revolução Bolchevique) de 1917, seus líderes entenderam que deveriam combater a religião, e não aguardar seu fim. Desse modo, a URSS foi marcada por uma intensa perseguição ao cristianismo, iniciada por Lenin e chegando ao auge com Stalin.[20] No entanto, ao invés de Deus ser esquecido, foi bastante lembrado pelos cristãos russos, levando o regime comunista a implantar medidas para que ele caísse no esquecimento:

---

[16] ZILLES, Urbano. *Filosofia da religião*. São Paulo: Paulus, 2010. p. 127.

[17] CHAGAS, Eduardo Ferreira. "A crítica da religião como crítica da realidade social no pensamento de Karl Marx". *Trans/Form/Ação*, v. 40, n. 4, 2017, p. 133-54, esp. p. 136.

[18] ZILLES, *Filosofia da religião*, p. 129.

[19] MARX apud CHAGAS, "A crítica da religião como crítica da realidade social no pensamento de Karl Marx", p. 137.

[20] ZILLES, *Filosofia da religião*, p. 75.

> A religião e as igrejas foram objeto do terror do partido e da repressão. Impôs-se a educação ateia nas escolas, conservou-se a legislação stalinista contra a religião. O ateísmo é matéria obrigatória nas universidades. A doutrina religiosa é rigorosamente proibida. Seminários foram fechados. Tudo isso em nome dos direitos humanos e da liberdade.[21]

Para além de tudo isso, a URSS também empreendeu perseguições aos cristãos e aos demais grupos que fossem vistos como entrave ou contrarrevolucionários. Isso ocorreu durante a campanha que ficou conhecida como *Terror Vermelho*, implantada pelo partido bolchevique, de Lenin. Em nome da liberdade, medidas de imposição de ideias e perseguição foram tomadas, marcando terrivelmente a história com milhares de mortes.

Vendo isso acontecer no contexto comunista, tudo que os cristãos alemães desejavam era permanecer livres desse regime. Contudo, não perceberam que, ao fugir de um mal, estavam correndo em direção a outro; buscando evitar que houvesse uma revolução comunista na Alemanha, fizeram de seu país o palco de outro tipo de revolução.

Talvez você esteja pensando: "Mas o comunismo era, realmente, uma ameaça para os cristãos alemães? Havia a possibilidade de a Alemanha se tornar comunista?". Na verdade, a Alemanha tinha visto um golpe de Estado comunista antes da ascensão de Hitler, com a República Soviética da Baviera, também conhecida como República Soviética de Munique. No dia 7 de novembro de 1918, aniversário da Revolução Russa, Kurt Eisner (1867-1919) declarou o estado alemão da Baviera um estado livre. Entretanto, a República Soviética de Munique durou muito pouco: no começo de 1919, Eisner perdeu as eleições e, tempo depois, foi assassinado.

Apesar de este ter sido "o mais incompetente" governo comunista,[22] não avançando para além de Munique e durando apenas alguns meses, gerou uma reação que foi mais importante do que ele

---

[21] ZILLES, *Filosofia da religião*, p. 132.
[22] LUKACS, *O Hitler da história*, p. 51.

mesmo. A cidade de Munique se viu sob um Terror Branco nas mãos de anticomunistas, que retomaram o poder no colapso sangrento da República Soviética de Munique. Depois disso, a cidade, tradicionalmente católica e tolerante, tornou-se a principal sede dos direitistas radicais,[23] aficionados agora da luta contra o comunismo. Esses extremistas não geraram uma oposição moderada, conseguiram o apoio dos conservadores, com medo de uma nova revolução. Assim, tanto os extremistas como seus apoiadores mais moderados foram atraídos por Hitler, cujo discurso era anticomunista.

Mesmo não sendo conservador, Hitler buscou conquistar os conservadores através da melhor carta que tinha na manga, o anticomunismo, mostrando ser um político tão hábil na arte de enganar que Lukacs o descreveu como um "feiticeiro em política".[24] Hitler sabia muito bem que o medo que os cristãos tinham do comunismo era maior do que a força que esse sistema realmente possuía na Alemanha.

Por isso, Hitler fazia discursos e falava com os cristãos com um falso senso de urgência, declarando que "a bolchevização das massas ocorre rapidamente" e que era necessário fazer algo em relação a isso. Ele seria aquele que protegeria não apenas a Alemanha, como também toda a Europa, do avanço comunista. Hitler declarou a três bispos católicos, em 27 de junho de 1934, que "a defesa da Europa contra o bolchevismo é a nossa missão nos próximos duzentos ou trezentos anos".[25] Para ele, a contenção do comunismo dependia da Alemanha,[26] pois somente os alemães, com sua liderança, poderiam vencê-lo.

Assim, desejosos de que a fumaça comunista que se alastrava se dissipasse, muitos cristãos foram levados, pelo medo, a apoiar Hitler. Fizeram isso sabendo que ele não era o líder ideal, mas imaginando que, se o nazismo não derrotasse o comunismo, não haveria futuro para o cristianismo.[27] Esses foram alguns dos "muitos

---

[23] LUKACS, *O Hitler da história*, p. 51.
[24] LUKACS, *O Hitler da história*, p. 71.
[25] HITLER apud LUKACS, *O Hitler da história*, p. 71-2.
[26] WISTRICH, *Hitler e o Holocausto*, p. 73.
[27] WISTRICH, *Hitler e o Holocausto*, p. 185.

que, embora o detestassem, consideravam-no o único homem bastante forte para pôr as coisas em marcha",[28] conscientes de que a democracia na Alemanha estava em crise e que uma ditadura provavelmente viria, fosse ela comunista ou de outra ordem.

Ao que parecia, diferentemente dos comunistas, conhecidos como "ateus internacionais", Hitler não era ateu, mas cristão, e não era internacional,[29] mas defensor do nacionalismo alemão. Por isso, muitos cristãos acreditaram em seu discurso de 1933, no qual afirmou que seu governo marcaria o tempo de uma liderança cristã na Alemanha: "Dizem hoje que a cristandade está em perigo, que a fé católica está em perigo. A essas palavras, respondo: 'Finalmente, há cristãos, e não ateus internacionais, no comando da Alemanha'".[30]

---

[28] HAYEK, *O caminho da servidão*, p. 84.

[29] A proposta de Karl Marx era a de que os proletários de todo o mundo se unissem, sendo, portanto, contra os nacionalismos. Lenin, líder da URSS, colocou em prática essa ideia com a Internacional Comunista (1919-1943), uma organização voltada à união dos partidos comunistas de todo o mundo. A ideia era que a internacionalização criasse uma união entre os comunistas que derrubasse os nacionalismos.

[30] HITLER apud LUKACS, *O Hitler da história*, p. 73.

CAPÍTULO 5

A suástica e a cruz

Os velhos tiranos invocavam o passado;
os novos tiranos invocarão o futuro.

G. K. CHESTERTON

Hitler apreciava símbolos e se valia deles, pois sabia bem da força que exerciam. Desse modo, além de estabelecer um símbolo marcante do nazismo, a suástica, também lidou com outros símbolos, como a cruz (o principal símbolo do cristianismo) e a estrela de Davi, ou *magen David*, "escudo de Davi" (símbolo dos judeus) — depois reapropriada por ele para marcá-los.

A ideia de marcar os judeus não era nova: muito antes de Hitler obrigá-los a utilizarem a estrela de Davi amarela com o escrito *Jude*, "judeu", eles já haviam sofrido imposições semelhantes. Durante a Idade Média, muitas cidades os obrigaram a utilizar elementos de diferenciação, como emblemas representando as tábuas da Lei ou mesmo uma espécie de círculo amarelo afixado na roupa.

Outro exemplo era o *Judenhut*, "chapéu judeu", em formato de cone. Essa peça, que faz parte do brasão da cidade austríaca de Judenburg ("cidade dos judeus"), chegou a ser obrigatória no Quarto Concílio de Latrão, em 1213. Esse concílio estabeleceu outras condições para os judeus aparecerem em público, buscando fortalecer marcas distintivas, a fim de que não houvesse qualquer possibilidade de confundir cristãos com judeus.[1]

---

[1] RESNICK, Irven. "The Jew's Badge". In: CHAMPAGNE, M. T.; RESNICK, Irven. *Jews and Muslims under the Fourth Lateran Council:* Papers Commemorating the Octocentenary of the Fourth Lateran Council (1215). Turnhout: Brepols, 2019. p. 65.

A IGREJA APOIOU HITLER?

Ilustração de *Luzerner Schilling* [Crônica de Lucerna], 1513, de Diebold Schilling. A figura representa judeus sendo queimados em Lucerna durante a peste negra, em 1348. Eles são identificados por um emblema na roupa e chapéus cônicos (domínio público/Wikimedia Commons)

No caso nazista, a estrela amarela, além de apontar quem era judeu, tinha o propósito de ofender o povo judaico, mediante a apropriação de um símbolo de orgulho, o *magen David*, e sua transformação em um símbolo de humilhação. Isso não fez com que os judeus abandonassem o símbolo nem se envergonhassem dele. A estrela de Davi ganhou nova importância quando foi escolhida como elemento principal da bandeira do Estado de Israel, em 1948, após o fim da Segunda Guerra Mundial e a derrota da Alemanha nazista.

Quanto à suástica, cabe notar que Hitler não a inventou. Hoje, poucos não a associam ao nazismo, fazendo com que seja proibida em diversos contextos. Porém, muito antes de o nazismo existir, havia várias formas de suástica, especialmente no contexto oriental.

O termo "suástica" provém do sânscrito *svastika*, significando algo como "o que é bom". Trata-se de um símbolo que, de diferentes formas, foi utilizado por várias religiões originárias da Índia, como o hinduísmo, budismo e jainismo, as quais têm uma suástica como um de seus símbolos. De fato, até hoje muitos templos budistas apresentam a suástica, usada para identificar os templos budistas em mapas japoneses, tal como a cruz representa igrejas no contexto ocidental.

Por mais estranho que pareça, Hitler decidiu utilizar a suástica justamente por ser um símbolo da Índia. Ele defendia que os alemães eram da raça ariana,[2] termo proveniente de *arya*, palavra sânscrita que significa "nobre" e que é utilizada como elemento de identificação dos hindus. Hitler, como muitos outros em seu tempo, acreditava que os alemães eram originários do grupo étnico ariano, que envolvia povos desde a Índia até a Europa, sendo por isso conhecidos como indo-europeus. Alguns chegaram a supor que esses povos seriam provenientes do Cáucaso e, por conta disso, as pessoas com pele branca são denominadas "caucasianas" até hoje.

Antes de ser adotada pelos nazistas, a suástica era utilizada por diversos grupos e pessoas que nada tinham a ver com a ideologia racista de Hitler. Um exemplo foi o escritor Rudyard Kipling (1865-1936), que inseria a suástica em seus livros, por haver nascido na Índia britânica. Todavia, após a adoção da suástica pelo Partido Nazista em 1920, Kipling solicitou que o símbolo não fosse mais impresso em suas obras.

Para os nazistas, a suástica representava a raça ariana e, devido à conotação de raça superior que trazia, foi adotada como símbolo. Após o arqueólogo Heinrich Schliemann (1822-1890) identificar a suástica como um importante símbolo religioso dos arianos, tendo-a encontrado nas ruínas da cidade grega de Troia, descobertas por ele, o símbolo se tornou famoso e foi apropriado por grupos nacionalistas

---

[2] A ideia de uma raça "ariana" não tem nada a ver com a teologia "ariana", relativa a Ário (teólogo do século 4), a qual foi declarada heresia.

A IGREJA APOIOU HITLER?

que buscavam afirmar a superioridade dos alemães, fundamentados na ideia de uma raça ancestral diferenciada. Um destes foi a Sociedade Thule (*Thule-Gesellschaft*), grupo secreto e ocultista que usava a suástica como símbolo e que manteve profundas relações com o Partido Nazista.

O grande passo, porém, foi dado com a relação direta entre a suástica, os alemães e a raça ariana, associação feita por Hitler em seu livro *Minha luta* (em alemão, *Mein Kampf*).[3] Nessa obra, ele explicou a bandeira nazista, afirmando que o vermelho indicaria a ideia socialista[4] do movimento, e o branco, a ideia nacional. A suástica é o símbolo da "missão da luta pela vitória do homem ariano".[5] Assim, além de apontar para o passado, a suástica seria um símbolo de "esperança e salvação",[6] indicando o futuro glorioso dos arianos com a vitória da Alemanha.

Esse ícone foi impregnado de tanta esperança que, quando Hitler e os nazistas desfilaram em Berlim em 1933, Franz von Papen, empolgado com a suástica que aparecia nas bandeiras, se perguntou: "Será [este] o signo do romantismo, da felicidade aguardada pelos berlinenses após anos de crise?".[7] Porém, aquele símbolo de esperança e salvação, com o tempo, se tornou marca de destruição e ódio, suplantando a cruz, símbolo máximo do amor.

A suástica, conhecida em alemão como *Hakenkreuz*, "cruz de gancho" ou "cruz gamada", foi primeiramente apresentada pelos nazistas como um símbolo ariano. Com o tempo, os nazistas propuseram que a *Hakenkreuz* substituísse a *Kreuz*, a cruz cristã.

---

[3] TURNBULL, Lindsey L. *The evolution of the swastika: from symbol of peace to tool of hate*. 2010. 76 f. Tese (especialização em História) – University of Central Florida, Orlando, Estados Unidos.

[4] O Partido Nazista se chamava Partido Nacional-Socialista dos Trabalhadores Alemães. Por conta disso, muitos afirmam erroneamente que Hitler era comunista, equivalendo socialismo a comunismo. Apesar de o socialismo ser considerado uma fase necessária para o comunismo, nem todo socialista tem essa perspectiva. Hitler era contrário ao comunismo e, ao utilizar o nome "Socialista" e a cor vermelha, não apenas tinha outra proposta em mente, como também buscava atrair aqueles que eram simpatizantes do socialismo comunista.

[5] HITLER, *Minha luta*, p. 211.

[6] QUINN, Malcolm. *The Swastika: Constructing the Symbol*. Londres; Nova York: Routledge, 1994. p. 74.

[7] Cf. MARABINI, Jean. *Berlim no tempo de Hitler*. Trad. de Marina Appenzeller. São Paulo: Companhia das Letras, 1989. p. 27.

A suástica, em vez de apontar para o passado, como a cruz faz com Jesus Cristo, indicaria o futuro glorioso da Alemanha comandada pelo Führer.

De fato, Alfred Rosenberg (1893–1946), um dos principais ideólogos do nazismo, chegou a propor que a cruz fosse substituída pela suástica em todas as igrejas. Por mais assustador que possa parecer, muitos fizeram isso, hasteando bandeiras nazistas e colocando outros elementos estampados com a suástica dentro das igrejas, como podemos ver em registros fotográficos desse absurdo. Assim, além de haver retratos de Hitler nos altares, os ritos cristãos, como o batismo, eram realizados diante de bandeiras nazistas.[8]

Altar da *Antoniterkirche*, na cidade de Colônia, Alemanha, 1935 (Gemeinde Köln/ Wikimedia Commons)

Outros foram além, colocando a suástica junto do ícone principal do cristianismo. Apresentavam-na vinculada à cruz, que era cada vez mais sobreposta pelo novo símbolo. Esse foi o caso

---

[8] FERREIRA, Franklin. "A Igreja Confessional Alemã e a 'disputa pela igreja' (1933-1937)". *Fides Reformata*, v. 15, n. 1, 2010, p. 9-36, esp. p. 14.

dos emblemas do Movimento Cristão (em alemão, *Deutsche Christen*), uma forma de "cristianismo positivo" (*Positives Christentum*), como denominavam, que mesclava cristianismo e nazismo, submetendo a fé cristã às ideias antissemitas.

Mas fica a pergunta: Qual era a motivação por trás do uso da suástica nas igrejas? Segundo os nazistas, a cruz de Cristo seria um símbolo de derrota, e Jesus, em vez de ser judeu, teria sido um ariano que lutou contra os judeus e não os venceu, como veremos no próximo capítulo com mais detalhes. Assim sendo, a cruz seria um símbolo da morte de Cristo, que teve de "derramar seu sangue na cruz", segundo Hitler, pela sua ferrenha luta "contra a corrupção judaica".[9] Uma morte que, apesar de heroica, teria sido decorrente de sua derrota.

> **Segundo os nazistas, a cruz de Cristo seria um símbolo de derrota, e Jesus, em vez de ser judeu, teria sido um ariano que lutou contra os judeus e não os venceu.**

Desse modo, Hitler eliminava a acepção de Cristo como um sofredor vitorioso, cuja morte expiatória trouxe salvação. No lugar do Cristo que escolheu a cruz, aparece um Jesus guerreiro, que lutou bravamente contra os judeus, tendo perdido a batalha e, por isso, "pregado na cruz pelo arqui-inimigo judeu". Por isso, quando o conde Lerchenfeld (1871-1944), então primeiro-ministro da Baviera, falou que "seus sentimentos como homem e cristão" não lhe permitiam ser antissemita, Hitler respondeu: "Afirmo que meu sentimento cristão aponta o meu Senhor e Salvador como um guerreiro", que foi "o grande pioneiro na luta contra o judeu".[10]

Essa é a mensagem anunciada e proclamada por Hitler, que se coloca como uma espécie de reformador ao indicar o que dizia ser a verdade divina: que Jesus "percebeu a verdade sobre os judeus e

---

[9] HITLER apud WISTRICH, *Hitler e o Holocausto*, p. 177.
[10] HITLER apud WISTRICH, *Hitler e o Holocausto*, p. 177.

A SUÁSTICA E A CRUZ

convocou a humanidade a lutar contra eles". Jesus, portanto, conforme o discurso de Hitler, seria o maior líder ariano, "não por ser sofredor, mas por ser guerreiro!". Porém, tendo sido derrotado, deixou a tarefa à posteridade. E Hitler, assumindo-a, seria o sucessor de Jesus, chegando a declarar: "A tarefa iniciada, mas não terminada por Cristo, será por mim concluída".[11]

Seguindo essa linha de pensamento, a suástica apontaria o verdadeiro sentido da cruz: a vitória da luta marcada pelo insucesso que a cruz traz à memória. E Hitler, simbolizado pela suástica tal como Cristo pela cruz, seria uma espécie de novo messias, que alcançaria sucesso naquilo que Jesus não conseguiu. Segundo Hitler, Jesus foi derrotado na cruz, mas ele, agora, impediria que a Alemanha fosse crucificada também.

A grande pergunta é: Como Jesus Cristo, que era evidentemente judeu, foi imaginado como um ariano inimigo dos judeus pelos nazistas? Ou, de outra forma: como surgiu o Jesus ariano?

---

[11] HITLER apud WISTRICH, *Hitler e o Holocausto*, p. 177.

● CAPÍTULO 6

O Jesus ariano

Um fanático é um orador completamente surdo.

KHALIL GIBRAN

Parece absurdo, mas muitos alemães do início do século 20 duvidavam que Jesus tivesse sido judeu. Pensavam que era ariano. Simplesmente ignoravam as evidências, por mais claras que fossem, de algo que é não apenas óbvio no Novo Testamento, como também quase pressuposto. Assim, o que deveria ser consenso passou a ser alvo de discussões, nas quais muitos simplesmente fechavam os ouvidos para a verdade.

E, por mais incrível que pareça, esses "debates teológicos sobre se Jesus era um judeu ou um ariano começaram muito antes de Hitler chegar ao poder".[1] Debates que resultaram de uma postura crítica sobre a Bíblia, negando sua veracidade histórica, e que envolviam uma revisão do que se conhecia a respeito de Cristo por meio da busca do "Jesus histórico".

No tempo de Hitler, esses debates teológicos já haviam ultrapassado as fronteiras da teologia, envolvendo antissemitas que nem mesmo eram teólogos, como Richard Wagner (1813-1883), um compositor alemão. Ele afirmava ter tido uma revelação e, por meio dela, compreendido que o verdadeiro Jesus Cristo não era o judeu do Novo Testamento, mas alguém de estirpe ariana.[2] Assim, Wagner acreditava na divindade de Jesus, porém não em sua origem judaica.[3]

---

[1] CHEVITARESE, André L.; JUSTI, Daniel Brasil. "O Jesus ariano. O imaginário e as concepções historiográficas do Jesus histórico na Alemanha nazista". *Horizonte*, v. 15, n. 45, 2017, p. 188-205, esp. p. 201.

[2] LUTZER, *A cruz de Hitler*, p. 98.

[3] STEIGMANN-GALL, Richard. *The Holy Reich:* Nazi Conceptions of Christianity, 1919-1945. Cambridge: University Press, 2003. p. 101.

O JESUS ARIANO

Seu fã e genro póstumo Houston Chamberlain (1855-1927) assumiu a função de defender a ideia, declarando categoricamente que Jesus não era judeu, mas ariano, e que "quem afirmou que Jesus era judeu, ou era estúpido ou estava mentindo".[4] Segundo Wagner e Chamberlain, os galileus do primeiro século não eram judeus e, por isso, não haveria fundamento na ideia de que os pais de Jesus e, consequentemente, o próprio Cristo, fossem judeus.[5]

Porém, apesar de o "Jesus ariano" ser anterior a Hitler, este entendia ser necessário que o conceito ganhasse força. Com esse objetivo, o nazismo popularizou-o de duas formas principais: em primeiro lugar, afastando Jesus dos judeus e, em segundo, aproximando Jesus e o cristianismo de Adolf Hitler. De um lado, desumanizaram os judeus; do outro, divinizaram Hitler.

Portanto, a negação de que Jesus era judeu estava associada à desumanização dos judeus, o que foi feito por meio de intensa propaganda, linguagem e imagens ofensivas. Os nazistas se referiam aos judeus com uma linguagem "que se aplica aos animais, como raça inferior, vermes, germes, bacilos e micróbios que atacam e contaminam organismos, a menos que sejam eliminados".[6] Assim, Hitler mobilizava os sentimentos do povo, dizendo que o mundo estava "infectado por judeus"[7] e que eles eram a "tuberculose racial dos povos" ou, ainda, o câncer da Europa.[8]

Somada a essa linguagem, a propaganda nazista trazia uma "representação caricatural, fragmentada, desproporcional e animalizada do judeu".[9] Em um crescente e opressivo processo de desumanização, os judeus eram retratados como ratos ou aranhas. Com isso, muitos cristãos defenderam que a expulsão dos judeus era "uma ação cristã", como disse o padre Jozef Tiso (1887-1947), então presidente da Eslováquia; conforme ele, isso era necessário para o que povo se visse livre "de pestes que o afligem".[10]

---

[4] LUTZER, *A cruz de Hitler*, p. 110.
[5] HESCHEL, Susannah. *The Aryan Jesus:* Christian Theologians and the Bible in Nazi Germany. Princeton; Oxford: Princeton University Press, 2008. p. 42.
[6] WISTRICH, *Hitler e o Holocausto*, p. 74.
[7] HITLER apud WISTRICH, *Hitler e o Holocausto*, p. 176.
[8] HITLER apud WISTRICH, *Hitler e o Holocausto*, p. 72.
[9] MENTLIK, Célia Szniter. "Algumas considerações sobre a dinâmica psíquica envolvida na retórica das imagens". *Mnemosine*, v. 2, n. 2, 2006, p. 150-69, esp. p. 159.
[10] TISO apud WISTRICH, *Hitler e o Holocausto*, p. 173.

Ilustração de um postal austríaco de 1919. No período entre guerras, era popular a ideia de que os judeus — e outros grupos — eram os culpados pela derrota alemã na Primeira Guerra Mundial (1914-1918) (domínio público/Wikimedia Commons)

Essa visão negativa ganhava destaque ainda maior em contraposição a elementos positivos. Todo ariano que aparecia ao lado de um judeu em uma mesma ilustração era retratado segundo os padrões de beleza daquele contexto. E com Jesus não foi diferente: na Alemanha nazista, ele era representado como um homem branco, forte e belo. Uma imagem que se destacava especialmente quando contrastada com os ladrões crucificados a seu lado, os quais, considerados judeus, eram marcados pela feiura e pelo nariz aquilino.[11]

A representação negativa dos judeus precedia o nazismo. O filósofo Hegel (1770-1831), por exemplo, destacava que a maldade dos inimigos de Deus deveria ser expressa no exterior, mediante "feiura, rudeza, barbárie, raiva e deformação da figura".[12] Porém, com a ideia de um Jesus ariano, o contraste se tornou ainda mais forte, em particular na representação teatral, herdada da Idade Média. Nas peças teatrais, como as da Páscoa, Jesus tinha de aparecer

---

[11] CHEVITARESE; JUSTI, "O Jesus ariano", p. 199.
[12] HEGEL apud ECO, Umberto. (org.). *História da feiura*. Trad. de Eliana Aguiar. Rio de Janeiro; São Paulo: Record, 2007. p. 54.

O JESUS ARIANO

com claros traços arianos, pele branca, olhos azuis e cabelos loiros; e Judas, por oposição, precisava ter uma aparência judaica.[13]

A desumanização dos judeus e a afirmação de uma imagem negativa deles fizeram com que se tornasse natural, para a lógica nazista, a ideia de que Jesus simplesmente não poderia ser judeu. Seria como indicar um defeito ou imperfeição em Jesus, que é perfeito. Para a ideia do Jesus ariano se consolidar, os nazistas também associaram Hitler ao cristianismo e a Jesus Cristo, até mesmo o divinizando.

Afirmando-se cristão, Hitler defendia que Jesus era o Deus verdadeiro. Entretanto, a *verdade* de Cristo e o significado da sua *divindade* foram distorcidos por ele. Quanto à sua *divindade*, esta não se dava como encarnação de Deus, mas como divinização humana, e a próxima figura no panteão, ao que parece, deveria ser o próprio Hitler. Quanto à *verdade* de Jesus, o que fazia dele verdadeiro Deus não era o evangelho — a salvação que sua morte proporciona —, mas o poder da raça ariana, que ele representava, como o "maior líder ariano".[14]

Essa "verdade" já havia sido profetizada por Dietrich Eckart (1868-1923), fundador do Partido Nazista e membro da Sociedade Thule (mencionada no capítulo anterior). Assim como João Batista anunciou Jesus Cristo, dizendo "Vejam! É o Cordeiro de Deus!" (João 1:36), Eckart fez com Hitler, afirmando: "Eis aquele de quem eu era apenas o profeta e precursor".[15] João Batista apontou para o Cristo; Eckart, que era ocultista, apontou para quem ele acreditava ser o anticristo.

Era evidente que, se Hitler era um messias, seu messianismo nada tinha a ver com Jesus de Nazaré. Todavia, atraídos por uma teologia racista e nacionalista, muitos cristãos alemães não perceberam, ou preferiram não encarar, a verdade que hoje é óbvia para todos nós, que "o nazismo era uma negação radical de Jesus Cristo e sua doutrina".[16]

---

[13] VOEGELIN, *Hitler e os alemães*, p. 165.
[14] HITLER apud GODMAN, *O Vaticano e Hitler*, p. 10.
[15] ECKART apud LUTZER, *A cruz de Hitler*, p. 74.
[16] RUST, Leandro Duarte. *Mitos papais:* política e imaginação na história. Petrópolis: Vozes, 2015. p. 34.

A IGREJA APOIOU HITLER?

Hitler invertia a lógica, defendendo que ser cristão era justamente seguir as ideias dele, tomando partido contra os judeus. Chegou inclusive a afirmar, em 12 de abril de 1922, em Munique, o seguinte: "Eu não seria cristão (...) se não me voltasse, assim como o fez nosso Senhor dois mil anos atrás, contra aqueles que hoje roubam e exploram essa gente". E, tomando o chicote que trazia consigo, disse que a expulsão dos judeus na Alemanha repetia o ato de Jesus no templo.[17] Ele acrescentou:

> Transbordando de amor, como cristão e como ser humano, leio o trecho em que o Senhor, finalmente, recorre à sua força invencível e toma o chicote, a fim de expulsar do templo a raça de víboras peçonhentas. Como foi ferrenha a luta do Senhor contra a corrupção judaica. Mais do que nunca, percebo o fato de que foi por isso que ele teve de derramar seu sangue na cruz.[18]

Transbordando de ódio pelos judeus, Hitler fingiu que suas ações decorriam do fato de estar transbordando de amor por Jesus Cristo. Uma mentira tão grande quanto à de que Jesus, que possuiria "força invencível", segundo o próprio Hitler, teria sido derrotado pelos judeus. Mas uma mentira que acabou se tornando verdade para os cristãos nazistas. Franz Justus Rarkowski (1873-1950), bispo católico, chegou a afirmar que os inimigos da Alemanha não tinham ideia do poder e amor abnegado do povo alemão, que está justificado diante de Deus de sua guerra.[19]

Até mesmo o Natal foi pervertido. Em dezembro de 1926, Hitler declarou que "o nascimento do Homem, celebrado no Natal, é de suma relevância para os partidários do nacional-socialismo", pois "Cristo foi o grande pioneiro na luta contra o judeu, inimigo do mundo".[20] Após tomar o poder, em 1933, em vez de extinguir o Natal, Hitler o transformou em uma celebração nazista, na qual

---

[17] LUTZER, *A cruz de Hitler*, p. 75.
[18] HITLER apud WISTRICH, *Hitler e o Holocausto*, p. 176-7.
[19] RARKOWSKI apud BERGEN, "Contextualizing Dietrich Bonhoeffer", p. 117.
[20] HITLER apud WISTRICH, *Hitler e o Holocausto*, p. 177.

mostrava sua "caridade" para com os pobres, colocando a si mesmo no lugar de Cristo. É o que podemos ver na versão nazista da música "Noite Feliz ":

> Noite silenciosa, noite sagrada
> Todos estão dormindo, solitários e atentos
> Adolf Hitler é o destino da Alemanha
> Nos guie para a grandeza, fama e fortuna
> Dê a nós, alemães, o poder.[21]

O Jesus ariano, portanto, serviu apenas como ferramenta para Hitler conquistar os cristãos, e não seria mantida quando não fosse mais necessária. Por isso, apesar de a mistura de nazismo com cristianismo ter chegado a ponto de se mudar um Movimento Cristão Alemão e até uma "Igreja do Reich" (*Reichskirche*), liderada por Ludwig Müller (1883-1945), Hitler não deu a atenção esperada aos teólogos do cristianismo nazista.

Para os membros do Movimento Cristão Alemão, a figura de Hitler como salvador e a ideia cristã de redenção eram como "duas metades".[22] Eles louvavam o Führer como se fosse um novo e melhor Cristo, não apenas aprendendo com ele uma nova oração, mas até mesmo lhe dirigindo uma nova versão do Pai Nosso, como foi feito em um comício em Nuremberg: "Nosso Pai Adolf, que estás em Nuremberg, santificado seja o teu nome, venha o Terceiro Reich!".[23]

Apesar de nos assustarmos com essas palavras, naquele tempo, para muitos, "ser bom cristão incluía ser bom nacionalista", pois "Deus e o país eram praticamente a mesma coisa".[24] Essa mistura, que foi uma tentação para os alemães do tempo de Hitler, parece ser igualmente tentadora para muitos cristãos brasileiros

---

[21] CAPUANO, Amanda. "Cristo vetado e doces de suástica: como os nazistas sabotaram o Natal". *Veja*. São Paulo, 22 dez. 2020. Disponível em: https://veja.abril.com.br/cultura/cristo-vetado-e-doces-de-suastica-como-os-nazistas-sabotaram-o-natal/. Acesso em: 2 fev. 2023.

[22] CHEVITARESE; JUSTI, "O Jesus ariano", p. 193.

[23] LUTZER, *A cruz de Hitler*, p. 77.

[24] LUTZER, *A cruz de Hitler*, p. 128.

hoje. Naquele tempo, porém, a mistura gerava um impacto visual: as suásticas nazistas ocupavam as igrejas e casas dos cristãos, de modo que mulheres cristãs se empenhavam em bordar a cruz de Cristo dentro das suásticas, dando vazão a seu desejo de mesclar ambas as coisas.

Muitos cristãos, portanto, decidiram depositar sua fé e esperança em Hitler. Para além da substituição da cruz pela suástica nas igrejas, houve, no coração de muitos, a troca da confiança na provisão de Deus pela fé na provisão do Estado nazista. As suásticas dentro das igrejas apenas refletiam a nova idolatria, como podemos ver nas palavras de Ernst Martin, reitor da Catedral de Magdeburgo, em 1933: "Quem quer que insulte este símbolo está insultando a Alemanha. (...) As suásticas em torno do altar transmitem esperança; a esperança de que esse dia esteja pelo menos a ponto de amanhecer".[25]

Dentre todos os cristãos nazistas, Ludwig Müller se destacou, encarnando a perfeita mistura. Porém, "apesar da ferrenha fidelidade de Müller ao regime, Hitler não se deixou impressionar pelo líder da 'Igreja do Reich'".[26] Fez dele bispo e líder da igreja nazista, mas não o levava a sério, como deixava claro quando estava entre seus amigos mais próximos. Os nazistas usaram os membros do Movimento Cristão Alemão enquanto isso foi conveniente para eles.

Da parte dos cristãos, "a leitura do Jesus ariano ganhou uma dimensão até então não imaginada", resultado de uma "efetiva colaboração de um expressivo número de teólogos cristãos na política assassina de um Estado nazista, culminando no Holocausto judaico".[27] Sendo assim, apesar de Hitler ter colaborado, os principais responsáveis por espalhar a ideia do Jesus ariano pela Alemanha foram os próprios teólogos e pastores que acreditaram nela, de modo que "a adoração a Adolf Hitler partia dos púlpitos alemães".[28]

---

[25] LUTZER, *A cruz de Hitler*, p. 127.
[26] WISTRICH, *Hitler e o Holocausto*, p. 181.
[27] CHEVITARESE; JUSTI, "O Jesus ariano", p. 203.
[28] LUTZER, *A cruz de Hitler*, p. 127.

Logo, cabe pensar que pastores foram esses e se todos os pastores apoiaram Adolf Hitler.

● CAPÍTULO 7

Pastores e espiões

*Deveríamos ter reconhecido o Senhor
Jesus no irmão que sofreu e foi perseguido
mesmo ele sendo comunista ou judeu.*

MARTIN NIEMÖLLER

Em vez de se opor ao cristianismo, o nazismo se fundamentava em uma nova interpretação da fé cristã, uma vez que "Hitler alegava que seu movimento havia descoberto o verdadeiro sentido do Novo Testamento".[1] É claro que esse Novo Testamento teria de ser depurado. Conforme Hitler, o apóstolo Paulo havia sido o responsável por distorcer a revelação de Cristo, tornando o cristianismo materialista, frio e, claro, "judaico".[2]

> **O nazismo se fundamentava em uma nova interpretação da fé cristã.**

Porém, por mais que se rejeitasse Paulo, não se negava Jesus Cristo, que foi reinterpretado segundo o cristianismo positivo, que via tudo a partir da nova revelação, a saber, o próprio nazismo, do qual o Führer era o arauto. Assim, o Jesus ariano, por mais absurdo que fosse, servia como uma espécie de confirmação da nova revelação para os cristãos.

Nesse sentido, Hitler se apresentou como uma espécie de novo reformador. Isso foi apoiado pelo Movimento Cristão Alemão,

---

[1] GODMAN, *O Vaticano e Hitler*, p. 10.
[2] WISTRICH, *Hitler e o Holocausto*, p. 180.

que na "Declaração de Godesberg", de 4 de abril de 1939, afirmou: "O Nacional-Socialismo [partido de Hitler] levava avante o trabalho de Martinho Lutero e levaria o povo alemão ao verdadeiro conhecimento da fé cristã".[3]

É evidente que se trata de um completo absurdo. Entretanto, por mais assustador que tenha sido, foi algo possível de se afirmar, e alguns foram convencidos desse discurso, por conta do calcanhar de Aquiles de Lutero. Apesar de o reformador alemão ter tido qualidades excepcionais, era exagerado e contundente, nutrindo um profundo ódio contra os judeus.

A despeito de seu gênio e de seu contexto, Lutero deixou um verdadeiro rastro de ódio: escreveu duras palavras contra os judeus na obra *Dos judeus e suas mentiras* (em alemão, *Von den Juden und ihren Lügen*), que foram depois retomadas pelos nazistas. Nesse livro, ele faz uma crítica áspera aos judeus e chega a aconselhar as autoridades políticas a persegui-los, exalando ódio:

> Que se incendeiem suas sinagogas, e, quem puder, jogue enxofre e piche. E quem pudesse também lançar fogo infernal, seria igualmente bom. A fim de que Deus possa ver nossa seriedade e todo o mundo tal exemplo, de modo que se até agora temos tolerado em ignorância tais casas (...), agora lhes temos dado sua recompensa.[4]

Ao lidar com uma figura histórica, é importante considerar seu contexto, "não para desculpar ou justificar, mas para compreender".[5] Como já visto anteriormente, toda a Europa foi marcada por um intenso antijudaísmo. Lutero, apesar de admirável em outros aspectos, não soube discernir a cultura de seu tempo e ainda propagou preconceitos culturais no vergonhoso livro citado.

Certamente, para além de Lutero, a Reforma Protestante como um todo também envolveu a criação de "um arsenal de mitos,

---

[3] HESCHEL, Susannah. "When Jesus was an Aryan. The Protestant Church and Antisemitic Propaganda". In: ERICKSEN, Robert P.; HESCHEL, Susannah (orgs.). *Betrayal*: German Churches and the Holocaust. Minneapolis: Fortress, 1999. p. 70.

[4] LUTERO apud ALTMANN, "Lutero, defensor dos judeus ou anti-semita?", p. 77-8.

[5] STAHLHOEFER, Alexander de Bona. "Lutero era antissemita? — BTCast". *BiboTalk*. Disponível em: https://bibotalk.com/textos/lutero-antissemita/. Acesso em: 27 jan. 2023.

imagens e fantasias"[6] contra os judeus. Isso se deu pela permanência de uma marca estabelecida no catolicismo medieval, que, antes de Lutero, "exacerbou, legitimou e generalizou os sentimentos hostis em relação aos judeus".[7]

Culpar Lutero pelo nazismo, portanto, é simplesmente absurdo, uma vez que "um acontecimento histórico é provocado por uma série de causas e motivações, e não pela fala de apenas um indivíduo".[8] Por mais que as palavras de Lutero tenham sido duras, "houve muito abuso na apropriação" do conteúdo de Lutero "por parte do Nacional-Socialismo" e, desse modo, o cristianismo antissemita do período nazista foi, no fim, responsabilidade dos cristãos luteranos alemães que aderiram a essa "transposição" do discurso de Lutero [9], a fim de justificar o nazismo teologicamente.

Hitler, porém, não estava nem um pouco interessado na teologia de Lutero, tampouco na proposta religiosa da Reforma. Do reformador, só queria aproveitar aquilo que poderia ser utilizado por ele. Por isso, não deu ênfase à teologia luterana e resgatou a obra *Dos judeus e suas mentiras*, até então pouco conhecida, fazendo circular milhões de exemplares.[10]

Essa foi apenas uma das manobras de Hitler que garantiu ao Movimento Cristão Alemão um crescimento assustador. Em 1933, na eleição para representantes dos conselhos paroquiais da Confederação da Igreja Protestante Alemã (incluindo igrejas luteranas, reformadas e protestantes unidas), os partidários de Hitler conseguiram dois terços dos votos. Com essa, que foi a votação mais surpreendente da história das igrejas protestantes, os nazistas tomaram postos no episcopado das igrejas da Alemanha, de modo que o Movimento Cristão Alemão pareceu imparável,[11] fazendo frente à Igreja Confessante, que se opunha a Hitler.

---

[6] WISTRICH, *Hitler e o Holocausto*, p. 40.
[7] DELUMEAU, *História do medo no Ocidente, 1300-1800*, p. 415.
[8] STAHLHOEFER, "Lutero era antissemita?"
[9] ALTMANN, "Lutero, defensor dos judeus ou anti-semita?", p. 79.
[10] DELUMEAU, *História do medo no Ocidente, 1300-1800*, p. 434.
[11] BERGEN, Doris. *Twisted Cross:* The German Christian Movement in the Third Reich. Chapel Hill: The University of North Carolina Press, 1996. p. 5.

O Movimento Cristão Alemão tinha como grande objetivo a implantação da visão ariana dentro da igreja institucional protestante. Para alcançar isso, foi criado em 1939 o *Institut zur Erforschung und Beseitigung des Jüdischen Einflusses auf das Deutsche Kirchliche Leben* [Instituto para Estudo e Erradicação da Influência Judaica da Vida Religiosa Alemã], entidade que apresentou novas versões da Bíblia, revisou hinos, mudou liturgias e, assim, procurou apagar todos os traços da origem judaica do cristianismo.[12]

Esse instituto era formado não só por membros de igrejas cristãs, mas também por alunos de teologia, teólogos e pastores. Desse modo, em vez de servirem como porta-vozes da verdade do evangelho contra o regime nazista, muitos pastores e bispos decidiram ser apenas os transmissores da "verdade" revelada por Hitler. Serviram a Hitler como se ele fosse uma espécie de faraó, um deus encarnado. Esta foi a crítica do filósofo germano-americano Eric Voegelin (1901-1985): "é somente ao Führer que Deus fala e o povo conhece sua vontade unicamente através da mediação do Führer".[13]

Nem todos os líderes religiosos se submeteram completamente a Hitler. Alguns estavam em posição ambivalente, vendo-o como um mal necessário. Eles o criticavam, apontavam aquilo que julgavam importante. Outros, em menor número, entenderam o perigo do nazismo e decidiram se opor completamente a ele.

Entre aqueles que tinham uma posição mais neutra estava Clemens August Graf von Galen (1878-1946), arcebispo de Münster. Von Galen ficou famoso por suas pregações contra a "eutanásia" — que foi como os nazistas chamaram o extermínio de milhares de pessoas (incluindo crianças) consideradas "incuravelmente doentes" por apresentarem alguma doença incurável ou deficiência física. Suas pregações lhe renderam o apelido de "o leão de Münster". Tal como um leão, von Galen corajosamente enfrentou o que o regime nazista estava fazendo. Seus sermões, de fato, foram "o protesto

---

[12] BERGEN, "Contextualizing Dietrich Bonhoeffer", p. 115.
[13] VOEGELIN, Eric. *As religiões políticas*. Trad. de Teresa Marques da Silva. Lisboa: Vega, 2002. p. 78.

episcopal mais eficaz contra o regime nazista, nos 12 anos em que o movimento esteve no poder".[14] Por isso, von Galen foi elevado a cardeal em 1946, e beatificado pelo papa Bento XVI em 2005.

Quando estudamos sua história, percebemos que, antes disso, von Galen havia incentivado o nazismo, defendendo a necessidade de "combater o inimigo externo",[15] elogiando a cruzada de Hitler contra o comunismo.[16] Ao notar que o antissemitismo nazista tinha base racial, sua postura mudou e ganhou força quando viu a execução de reféns e o extermínio de prisioneiros alemães.[17] A morte de judeus e ciganos não comoveu o arcebispo,[18] que ficou realmente abalado somente quando alemães morreram no programa de "eutanásia".

Ao que parece, o nacionalismo de von Galen era tão grande que ele nunca deixou de apoiar a Alemanha, mesmo na guerra empreendida pelos nazistas. Em uma pregação de abril de 1945, quando Münster foi dominada pelos Aliados, ele declarou: "Meu coração sangra ao ver tropas de nossos inimigos passando pelas ruas".[19] Em vez de perceber o exército Aliado como uma libertação da opressão nazista, ele mantinha a visão de que os estrangeiros eram inimigos.

No que diz respeito ao protestantismo, a oposição a Hitler se deu principalmente por parte da Igreja Confessante (em alemão, *Die bekennende Kirche*), que teve como principais nomes Martin Niemöller (1892-1984) e Karl Barth (1886-1968), importantes teólogos que marcaram sua época. Posicionando-se contra o Movimento Cristão Alemão, a Igreja Confessante estabeleceu a defesa do cristianismo tradicional contra o nazismo, fazendo com que houvesse uma verdadeira disputa pela Igreja Protestante na Alemanha, tanto no âmbito político, por meio das eleições aos cargos religiosos, como no âmbito teológico, mediante livros e pregações. Era uma disputa importante, considerando que a Igreja Protestante, então

---

[14] WISTRICH, *Hitler e o Holocausto*, p. 187.
[15] WISTRICH, *Hitler e o Holocausto*, p. 187.
[16] LUKACS, *O Hitler da história*, p. 74.
[17] WISTRICH, *Hitler e o Holocausto*, p. 187.
[18] Cf. GODMAN, *O Vaticano e Hitler*, p. 15.
[19] VON GALEN apud LUKACS, *O Hitler da história*, p. 229, nota 44.

PASTORES E ESPIÕES

composta principalmente de luteranos e reformados, somava 48 milhões de pessoas em um país de 65 milhões de habitantes.[20]

Karl Barth, considerado um dos teólogos mais importantes do século 20,[21] foi o principal líder da Igreja Confessante. Desde o começo, ele não concordou com Hitler e, em 1934, por se recusar a jurar lealdade ao Führer, teve seus livros proibidos na Alemanha nazista e foi expulso do país, exilando-se na Suíça.

Barth deixou um imenso legado na igreja alemã, tendo organizado a Igreja Confessante e liderado a redação da "Declaração Teológica de Barmen", de 1934, que pode ser considerado o documento mais importante da Igreja desde a Reforma.[22] Essa declaração é composta de duas partes: a primeira é "um apelo às congregações evangélicas e aos cristãos na Alemanha", e a segunda, uma "declaração teológica a respeito da situação atual da Igreja Evangélica Alemã". Afirma haver um "grande perigo" para a Igreja, dada a negação dos princípios do evangelho por parte dos "cristãos alemães", ou seja, os partidários do Movimento Cristão Alemão.[23]

Martin Niemöller, outro membro da Igreja Confessante, marcou posição quando os nazistas promulgaram o "parágrafo ariano", uma lei de 1933 que proibia servidores públicos de sangue judeu. Mesmo assim, tal como von Galen, Niemöller deixava seu nacionalismo falar mais alto em alguns momentos, chegando a se oferecer, anos depois, para servir nos submarinos alemães na Segunda Guerra Mundial.[24] No entanto, em uma pregação de 1945, antes do fim da guerra, declarou:

> Em 1933, e nos anos seguintes, havia aqui na Alemanha catorze mil pastores evangélicos e um grande número de paróquias (...) Se no início da perseguição aos judeus tivéssemos percebido que era o Senhor Jesus Cristo quem estava sendo perseguido, atacado e chacinado no "mais humilde desses nossos irmãos";

---

[20] FERREIRA, "A Igreja Confessional Alemã e a 'disputa pela igreja' (1933-1937)", p. 14.

[21] FERREIRA, Franklin. Karl Barth: uma introdução à sua carreira e aos principais temas de sua teologia. *Fides Reformata*, v. 8, n. 1, 2003, p. 29-62, esp. p. 29.

[22] FERREIRA, "A Igreja Confessional Alemã e a 'disputa pela igreja' (1933-1937)", p. 23.

[23] FERREIRA, *Contra a idolatria do Estado*, p. 253-5.

[24] FERREIRA, "A Igreja Confessional Alemã e a 'disputa pela igreja' (1933-1937)", p. 19, nota 22.

se tivéssemos sido fiéis e confessado seu nome, por tudo que sei, Deus teria ficado do nosso lado e toda a sequência de eventos teria tomado um rumo diferente.[25]

O resultado foi que ele, mesmo sendo defensor da Alemanha na guerra, se tornou um "prisioneiro pessoal" de Hitler.

Por mais que von Galen, Niemöller e Barth tenham sido importantes, o maior exemplo de líder religioso opositor ao nazismo parece ter sido Dietrich Bonhoeffer (1906-1945). Tenha ele agido de forma certa ou errada, ele se destacou não somente ao se colocar contra Hitler, mas também ao participar de planos para matá-lo.

Bonhoeffer, julgando os cristãos alemães como "testemunhas silenciosas de ações malignas", se perguntou: "Ainda temos alguma utilidade?".[26] A resposta que encontrou para sua própria utilidade seria a de fazer o que pudesse para acabar com aquela situação, mesmo que isso resultasse na morte de Hitler ou na sua. Por isso, esse teólogo — que foi pastor, mártir, profeta e espião, nas palavras de Eric Metaxas[27]— participou de planos para matar Adolf Hitler.

Por esse fato, poderíamos pensar que ele foi alguém completamente inconsequente, mas, na verdade, sua ação foi cuidadosa e fruto de muita reflexão. Pouco antes da guerra, em 1939, quando estava para ser convocado para o exército alemão, Bonhoeffer se encontrou em uma difícil situação. Ele não queria lutar pelos nazistas, porém — como disse em carta ao bispo George Bell (1883-1958) — sabia que, caso se posicionasse contra o nazismo, colocaria não apenas a si em risco, como também seus irmãos da Igreja Confessante. O regime consideraria uma ação dessa típica hostilidade daquela Igreja contra o Estado.[28]

---

[25] NIEMÖLLER apud FERREIRA, "A Igreja Confessional Alemã e a 'disputa pela igreja' (1933-1937)", p. 33.

[26] BONHOEFFER apud BERGEN, "Contextualizing Dietrich Bonhoeffer", p. 113.

[27] METAXAS, Eric. *Bonhoeffer*: pastor, mártir, profeta, espião. Trad. de Daniel Faria. São Paulo: Mundo Cristão, 2011. Apesar de Eric Metaxas ter se envolvido em muitas controvérsias políticas e o livro exagerar em alguns aspectos, trata-se de uma boa biografia de Bonhoeffer, especialmente importante pelo fato de não haver em português as obras de Eberhard Bethge, que foi aluno, amigo próximo, parente (se casou com sua sobrinha), biógrafo e editor das obras de Bonhoeffer.

[28] BONHOEFFER apud METAXAS, *Bonhoeffer*, p. 345-6.

PASTORES E ESPIÕES

Antes da guerra, Bonhoeffer fugiu para a Inglaterra e, depois, para os Estados Unidos. Entretanto, decidiu voltar para a Alemanha a fim de compartilhar com seus compatriotas o destino da Igreja em sua nação. De início, procurou fazer diferença ensinando em um seminário clandestino. Após o seminário ser descoberto e fechado, partiu "da confissão para a resistência",[29] se opondo ao nazismo de forma mais efetiva.

Isso ele fez ao participar de um complô para assassinar Adolf Hitler na famosa "Operação Valquíria". A convite do almirante Wilhelm Canaris, Bonhoeffer se tornou espião na Abwehr, uma agência de inteligência militar alemã. Com as informações de Canaris, Bonhoeffer e outros, a "Operação Valquíria" foi empreendida. Porém, ela resultou na malsucedida detonação de uma bomba. Hitler foi atrás dos responsáveis; alguns foram presos e outros se suicidaram para não entregarem os companheiros mediante tortura.[30]

Bonhoeffer, que já estava preso por outras suposições, foi ligado ao ocorrido, e as suspeitas a respeito dele se confirmaram. Por essa razão, foi morto poucos meses antes do fim da guerra. No Natal de 1944, pouco antes de sua morte, Bonhoeffer escreveu uma carta para Maria von Wedemeyer-Weller, sua noiva. Encerrou a correspondência com um poema, que se tornou famoso, aparecendo em livros escolares e sendo cantado em igrejas como se fosse um hino. Parte dele diz:

> Estende-nos, Senhor, o cálice do pesar;
> E até as gotas da dor havemos de tomar;
> Com gratidão, sem nenhum temor,
> De tuas mãos, toda bondade e amor.[31]

Com certeza, Bonhoeffer não foi o único a se posicionar contra Hitler. Como vimos, outros o fizeram, cada um à sua maneira.

---

[29] METAXAS, *Bonhoeffer*, p. 386.
[30] METAXAS, *Bonhoeffer*, p. 523.
[31] BONHOEFFER apud METAXAS, *Bonhoeffer*, p. 533-4. Destaco e parabenizo meu amigo Daniel Faria pela excelente tradução deste poema para o português, carregando-o de beleza.

No entanto, ele realmente se destacou. Por essa razão, há no Centro Memorial da Resistência Alemã, em Berlim, uma sala dedicada exclusivamente a sua memória.[32]

Se o virmos apenas pelo ângulo da Operação Valquíria, deixaremos de lado muita coisa. Bonhoeffer também foi responsável por salvar a vida de muitos judeus, por meio de um contrabando que operava na fronteira da Suíça. Foi justamente por isso que ele se tornou reconhecido como "justo entre as nações", sendo homenageado postumamente. Ou seja, devemos reconhecer que, mesmo que não tivesse se envolvido nos planos de assassinar Hitler, Bonhoeffer não ficou passivo diante do que estava acontecendo.

Isso nos faz pensar que nem sempre o silêncio foi uma evidência de apoio ao nazismo e que, por mais importante que fossem as declarações contra Hitler e o que ele fazia, muitas vezes as ações falaram mais alto que as palavras. Nesse sentido, iremos pensar na relação de Hitler com o Vaticano. Assim como o cardeal argentino Jorge Bergoglio, o papa Francisco, foi acusado de se silenciar durante a ditadura argentina, da mesma forma o cardeal Eugenio Pacelli (1876-1958), o papa Pio XII,[33] foi acusado de se silenciar em relação ao nazismo.[34]

Nem sempre o silêncio foi uma evidência de apoio ao nazismo.

---

[32] FERREIRA, Franklin. "Sobre um pastor espião". *Seu Mundo*, 2011, p. 6.

[33] Como veremos no próximo capítulo, houve dois papas durante o nazismo: Ambrogio Ratti (1857-1939), o papa Pio XI, que ocupava o posto quando Hitler subiu ao poder, em 1933, e seu sucessor, Eugenio Pacelli (1876-1958), o papa Pio XII, que assumiu o papado em 2 de março de 1939, permanecendo até sua morte, em 1958.

[34] RUST, *Mitos papais*, p. 197.

● CAPÍTULO 8

Hitler e o Vaticano

Por quase seis anos, naufragamos
em uma noite longa e tenebrosa.

PAPA PIO XII

Não é possível compreender as atitudes da Igreja Católica em relação a Hitler e ao regime nazista sem considerar o contexto histórico. Quando Hitler subiu ao poder, em 1933, a Igreja Católica estava, havia alguns anos, envolvida com outro ditador, Benito Mussolini (1883-1945). Assim, a forma de o Vaticano lidar com o Führer deve ser vista a partir do histórico de relações com o Duce ("líder", em italiano).

A parceria com Benito Mussolini, o líder do fascismo italiano e aliado de Hitler na Segunda Guerra Mundial, foi a primeira das quais a Igreja Católica se arrependeria profundamente mais tarde. Esse político, que era inicialmente um ateu anticlerical, percebeu a força do catolicismo na Itália e decidiu mudar drasticamente seu discurso, adaptando-o a seu público. Comparou-se com Jesus Cristo, afirmando-se "redentor", consciente do poder da linguagem religiosa.[1]

O Vaticano sabia bem que Mussolini não era o que parecia e reconheceu um potencial destrutivo em suas ações, bem como um perigo em suas falas — que eram claramente "heréticas, ou mais que heréticas", como foram designadas no *Osservatore Romano*, jornal do Vaticano.[2] Porém, o desejo de um apoio político fez com

---

[1] GODMAN, *O Vaticano e Hitler*, p. 17.
[2] GODMAN, *O Vaticano e Hitler*, p. 23.

que a Igreja Católica adotasse uma relação ambivalente com a Itália fascista — posição que se repetiu, em parte, na relação com a Alemanha nazista.

Isso não significa que a Igreja Católica se via como fraca nem que precisava de auxílio. Pelo contrário! Era justamente sua força que lhe dava segurança para apoiar Mussolini e receber seu apoio, sem precisar se submeter a ele. Mussolini poderia até se afirmar "pai espiritual" de seus liderados, mas os católicos reconheciam que essa designação pertencia exclusivamente ao papa.

Publicamente, Pio XI ofereceu seu apoio a Mussolini, pedindo votos para ele[3] e o chamando de "homem da Providência",[4] como se tivesse sido enviado por Deus para dirigir a Itália e reconduzi-la ao cristianismo. Com isso, não apenas ofereceu suporte católico ao fascismo, como também ligou o Duce a Deus. Desse modo, o papa vinculou Mussolini — que oferecia uma alternativa, ou mesmo uma substituição, ao catolicismo — a si mesmo e, assim, domesticou o fascismo, catolicizando-o.[5]

A tática adotada com Mussolini deu certo: com o Tratado de Latrão, de 1929, o Vaticano foi reconhecido como Estado independente, liderado pela Santa Sé, e a religião católica foi adotada como oficial pelo Reino da Itália,[6] com o qual o Vaticano celebrou uma concordata. Mussolini, entendendo estar rodeado de outros poderes, incluindo o rei italiano Vítor Emanuel III e os líderes da Igreja, se prostrou e beijou o anel papal. Mussolini, então, recebeu o apoio da Igreja, mas teve de lhe conceder autoridade sobre seu próprio governo, como comentou com seu irmão Arnaldo em uma carta: "Nossa intenção era a de que a Igreja se tornasse o pilar do regime. Nunca pensei que o regime se tornaria servo da Igreja".[7]

Tendo exortado Mussolini em muitas de suas ações na Itália, o Vaticano repetiu a estratégia com a Alemanha nazista,

---

[3] GODMAN, O Vaticano e Hitler, p. 23.
[4] GODMAN, O Vaticano e Hitler, p. 18.
[5] GODMAN, O Vaticano e Hitler, p. 27.
[6] KERTZER, David I. The Pope and Mussolini: The Secret History of Pius XI and the Rise of Fascism in Europe. Oxford: Oxford University Press, 2014. p. 105ss.
[7] MUSSOLINI apud GODMAN, O Vaticano e Hitler, p. 24.

HITLER E O VATICANO

imaginando que teria os mesmos resultados. Acontece que não somente o poder do papa era muito menor na Alemanha do que na Itália, como também o Führer superava o Duce em autoridade e personalidade.

Mussolini, que claramente tinha menos poder e menos coragem que Hitler, acabou visto pelo aliado como um medroso, cujo "grande erro"[8] foi ter se submetido à Igreja Católica. Ele, que inicialmente foi uma inspiração para o líder alemão — Hitler chegou a ter um busto do Duce em seu escritório[9] —, se tornou uma decepção.

Em uma Alemanha de maioria protestante, o catolicismo era tolerado pelo Führer, que lembrava, quando necessário, que era católico por ter sido batizado. Mas, segundo Hitler, caso fosse líder da Itália, centro da Igreja Católica, teria dado um jeito de se livrar do Vaticano. Chegou até mesmo a afirmar a seus amigos, em particular, que, se fosse Mussolini, "marcharia para dentro do Vaticano e expulsaria a todos! Depois, diria: 'Sinto muito, cometi um erro!' Mas então eles já estariam fora!".[10]

Essas palavras jocosas de deboche mostravam uma verdade: ele respeitava a Igreja não por consideração, mas por conveniência e, se o Vaticano se tornasse um problema ou um concorrente em seu domínio, tomaria atitudes. Os líderes da Igreja Católica, porém, pensavam de forma semelhante em relação aos políticos que apoiavam: sabiam que não eram santos — nem mesmo verdadeiros cristãos — e se preparavam para romper laços quando não fossem mais convenientes.

Tratava-se, portanto, de relações por necessidade, não afinidade, fundamentadas mais no inimigo em comum (o comunismo) do que em ideias semelhantes. Foi o que o papa Pio XI avisou a Mussolini quando, em uma indireta, afirmou que estaria preparado para negociar até mesmo com o Diabo se fosse para salvar algumas almas.[11] Usando a analogia do próprio papa, poderíamos dizer que,

---

[8] LUKACS, *O Hitler da história*, p. 77.
[9] KERTZER, *The Pope and Mussolini*, p. 199.
[10] HITLER apud GODMAN, *O Vaticano e Hitler*, p. 1.
[11] GODMAN, *O Vaticano e Hitler*, p. 24.

69

negociando com Mussolini, um demônio menor, ele pensou estar pronto para tratar com o Diabo, Hitler.[12] Um grande engano!

Hitler não poderia ser "domesticado", como Mussolini. Ao pensar que poderia se aproveitar de Hitler, apesar de seu perigo, o Vaticano repetiu o erro da direita e das igrejas alemãs, que pensaram poder usá-lo.[13] Ele não era como Mussolini, que, quando foi necessário, baixou a cabeça. Hitler lidava de forma diferente com o confronto: "o que ele não podia dominar, ele destruía".[14]

> **Ao pensar que poderia se aproveitar de Hitler, apesar de seu perigo, o Vaticano repetiu o erro da direita e das igrejas alemãs, que pensaram poder usá-lo.**

Antes de o Vaticano perceber isso, Mussolini já havia levantado a questão. Por meio do padre e historiador Tacchi Venturi, aconselhou o papa a ser "mais enérgico" com Hitler, ainda antes da guerra, em 1938. Segundo Mussolini, seria importante aguardar o momento oportuno para fazer a excomunhão do líder alemão. Mas era determinante agir logo, uma vez que a única forma de parar o Führer parecia ser justamente a guerra, que ninguém queria.[15] Acontece que havia alguém que *queria* a guerra e que organizava seu início, a ocorrer no ano seguinte.

A relação do Vaticano com o regime nazista, entretanto, já estava estabelecida muito antes de a guerra começar. Quando se perguntou o que poderia esperar de Hitler, o papa Pio XI se viu entusiasmado por saber que o Führer era anticomunista tal como ele. Empolgado, chegou a declarar ao então embaixador da França: "Mudei de opinião em relação a Hitler (...) é a primeira vez que uma

---

[12] A edição italiana do livro *The Pope and Mussolini*, de David I. Kertzer, se vale dessa analogia, sendo intitulado *Il patto col diavolo* [O pacto com o Diabo]. É interessante, porém, que o próprio Kertzer, no livro, se refere ao acordo entre o Vaticano e Hitler, e não Mussolini, como o pacto com o Diabo, citando Hubert Wolf. Cf. KERTZER, *The Pope and Mussolini*, p. 202.

[13] BULLOCK apud VOEGELIN, *Hitler e os alemães*, p. 204.

[14] VOEGELIN, *Hitler e os alemães*, p. 205.

[15] MUSSOLINI apud GODMAN, *O Vaticano e Hitler*, p. 179.

voz do governo se ergue para denunciar o bolchevismo em termos tão categóricos, unindo-se à voz do papa".[16]

Como muitos cristãos na Alemanha, o próprio papa se deixou iludir por seus desejos, imaginando que o Terceiro Reich seria seu "aliado mais efetivo contra o avanço do comunismo e do medonho ateísmo materialista".[17] Para Pio XI, era isso que importava, pois o comunismo era a "pior das ameaças".[18]

Dessa maneira, o Vaticano celebrou a *Reichskonkordat*, uma concordata com a Alemanha nazista, assinada por duas importantes figuras em 20 de julho de 1933: do lado nazista, pelo amigo de Hitler Franz von Papen; do lado do Vaticano, pelo cardeal Eugenio Pacelli. Von Papen era um alemão católico dedicado ao enfrentamento do comunismo. Foi ele quem sugeriu ao presidente Paul von Hindenburg o nome de Hitler como chanceler — ele próprio foi feito vice-chanceler —, sendo um representante direto do regime nazista. Já o cardeal Eugenio Pacelli, que havia sido núncio papal na Baviera, depois veio a se tornar o papa Pio XII.

Assinatura da concordata de 1933. Da esquerda para a direita, professor Ludwig Kaas, vice-chanceler Franz von Papen, cardeal Giuseppe Pizzardo, cardeal Eugenio Pacelli, cardeal Alfredo Ottaviani e embaixador alemão Rudolf Buttmann[19] (Heinrich Hoffmann/Wikimedia Commons/Licença de uso: https://creativecommons.org/licenses/by-sa/3.0/de/deed.en)

---

[16] PIO XI apud KERTZER, *The Pope and Mussolini*, p. 200.
[17] RUST, *Mitos papais*, p. 200.
[18] GODMAN, *O Vaticano e Hitler*, p. 14.
[19] Não confundir com o teólogo alemão Rudolf Bultmann.

A IGREJA APOIOU HITLER?

É curioso que Pacelli tenha assinado o tratado, considerando que ele sabia bem que o nazismo contrariava o cristianismo. Em seu tempo na Baviera, no início da trajetória política de Hitler, chegou a comentar que este e seus seguidores faziam uma "campanha violenta e vulgar",[20] não tendo nenhuma simpatia por eles. Pelo contrário: "Pacelli tinha consciência do verdadeiro caráter do movimento liderado por Hitler".[21] Por que, então, participou dessa concordata, assinando em nome do Vaticano?

Muito provavelmente ele pensava, de forma ingênua, que uma concordata restringiria a ação nazista, como foi no caso dos fascistas italianos. Para ele, as concordatas eram acordos com "força de obrigatoriedade no direito internacional".[22] Imaginava que Hitler respeitaria o compromisso. Na frase do historiador brasileiro Leandro Duarte Rust, "o papado escolheu recuar".[23] E escolheu recuar pensando que Hitler faria o mesmo.

E quanto aos bispos e padres, a massa eclesiástica da Igreja Católica? É importante considerá-los. Afinal, do mesmo modo que o Vaticano não deve ser reduzido à figura do papa, embora seja seu líder máximo, a Igreja Católica também não pode ser limitada ao Vaticano, por mais que este seja seu coração.

Os bispos católicos da Alemanha tiveram a mesma ilusão de Pacelli. Apesar de, no início da década de 1930, terem declarado o nazismo uma "heresia incompatível com o cristianismo",[24] proibindo que católicos se tornassem membro do partido de Hitler, em 1933, com os nazistas ocupando a maioria no parlamento e Hitler declarando-se defensor do cristianismo, os bispos suspenderam a condenação, dando uma trégua.

A concordata entre a Alemanha nazista e o Vaticano, como era de se esperar, não foi respeitada por Adolf Hitler. Ele sabia que a Igreja não responderia à altura, pois quem sofreria as

---

[20] PACELLI apud GODMAN, O Vaticano e Hitler, p. 11.
[21] GODMAN, O Vaticano e Hitler, p. 11.
[22] PACELLI apud GODMAN, O Vaticano e Hitler, p. 11.
[23] RUST, Mitos papais, p. 211.
[24] GODMAN, O Vaticano e Hitler, p. 13.

consequências seriam os católicos na Alemanha. Por conta disso, o Vaticano e, em especial, o então cardeal Pacelli se viram em um caminho sem volta.[25]

O máximo que poderiam fazer era "ameaçar moderadamente" e "protestar diplomaticamente",[26] torcendo para que Hitler não pesasse a mão sobre outros por causa das decisões e palavras da Igreja. Por isso, ainda que Pio XI e Pacelli tivessem conhecimento da perseguição aos judeus desde o início, somente solicitaram a Cesare Orsenigo (1873-1946), núncio papal na Alemanha, que examinasse o caso judaico, a fim de saberem "se e como seria possível envolver-se na questão".[27]

É evidente que o "se" condicionava a ação da Igreja Católica a algo possível e dentro daquilo que fosse razoável. Orsenigo e o cardeal Michael von Faulhaber, de Munique, indicaram ao Vaticano que intervir na questão judaica seria impossível, pois, caso a Igreja Católica entrasse nessa discussão, a perseguição aos judeus seria seguida de uma perseguição aos católicos.[28]

A decisão do papa Pio XI foi a de não intervir diretamente, apenas aconselhando os católicos alemães por meio de uma carta, com o objetivo de "simultaneamente consolar e advertir".[29] Assim, em 14 de março de 1937, foi publicada a carta encíclica *Mit brennender Sorge* [Com ardente preocupação]. Ela não foi redigida originalmente em latim, como é o costume, mas em alemão, deixando nítido seu público-alvo. No texto, há uma crítica a Hitler, sem mencioná-lo:

> Se algum homem ousar, com sacrílego desconhecimento das diferenças essenciais entre Deus e sua criatura, entre o Homem-Deus e os filhos dos homens, ousando colocar um mortal, mesmo que fosse o maior de todos os tempos, ao lado, ou sobre, ou contra Cristo, ele deve ser chamado de profeta do nada, sendo a

---

[25] GODMAN, *O Vaticano e Hitler*, p. 14.
[26] GODMAN, *O Vaticano e Hitler*, p. 15.
[27] PACELLI apud GODMAN, *O Vaticano e Hitler*, p. 42.
[28] GODMAN, *O Vaticano e Hitler*, p. 43.
[29] RUST, *Mitos papais*, p. 207.

quem as terríveis palavras das Escrituras se aplicam: "Aquele que habita nos céus ri dele".[30]

Essa encíclica, contudo, foi "a única crítica inequívoca e pública que o Vaticano arriscaria fazer".[31] Mesmo sendo um texto voltado aos membros da Igreja Católica e que não mencionava Hitler nem o nazismo, foi mal recebido pelo Führer. Por isso, em resposta, o regime nazista empreendeu uma campanha anticlerical, prendendo centenas de padres e bispos, e evidenciando o que poderia acontecer caso esse tipo de coisa se repetisse.

Pacelli, que assumiu o papado como Pio XII, em 1939, meses antes do início da guerra, havia entendido que o Vaticano estava de mãos atadas com relação aos nazistas. Ou melhor, o papa tinha, de certo modo, sua boca amordaçada, por conta do que os nazistas poderiam fazer se ele fosse a público contra Hitler. Por isso, optou pelo silêncio, ainda que esse silêncio tenha sido muito mais uma "constante flutuação das atitudes",[32] procurando brechas e tomando medidas seguras dentro do que era possível.

O silêncio só foi rompido com o fim do pesadelo. No dia 2 de junho de 1945, após o fim da Segunda Guerra e a morte de Hitler (que tirou a própria vida), o papa Pio XII discursou livremente, falando da "aparição satânica do Nacional-Socialismo".[33] Todavia, como bem lembrou John Lukacs, essa "aparição" não foi nenhum fantasma nem demônio.[34] Como criticou o historiador Friedrich Heer (1916-1983), cabe lembrar que tal "aparição satânica", na verdade, foi "uma encarnação humana muito concreta (...) estimulada e ajudada a subir ao poder por homens altamente responsáveis e notáveis".[35] Hitler, como vimos, não foi nenhum demônio. Não foi

---

[30] PIO XI. *Mit brennender Sorge*. Encíclica papal de 14 de março de 1937. Disponível em: https://www.vatican.va/content/pius-xi/en/encyclicals/documents/hf_p-xi_enc_14031937_mit-brennender-sorge.html. Acesso em: 2 fev. 2023.

[31] WISTRICH, *Hitler e o Holocausto*, p. 185.

[32] RUST, *Mitos papais*, p. 210.

[33] PIO XII apud LUKACS, *O Hitler da história*, p. 180.

[34] LUKACS, *O Hitler da história*, p. 180.

[35] HEER apud LUKACS, *O Hitler da história*, p. 180.

HITLER E O VATICANO

um monstro nem foi um louco. Foi um homem mal que, infelizmente, fez coisas terríveis contando com o apoio e silêncio de muitos.

O silêncio, no entanto, não deve ser completamente entendido com o apoio. Pio XII não era nenhum fã de Hitler nem defensor das ideias nazistas. Como bem demonstrado por Leandro Duarte Rust, a ideia de que ele foi o "papa de Hitler" é um mito nascido da peça teatral *O vigário*, do dramaturgo alemão Rolf Hochhuth (1931-2020), na qual se insinua a indiferença de Pio XII ao extermínio dos judeus. Tempos depois, descobriu-se que a peça havia sido encomendada pela KGB, o serviço secreto da URSS. Ou seja, tratava-se de "uma obra de propaganda vermelha, um ataque ideológico de Moscou",[36] para difamar e manchar a imagem do papa.

O mito se tornou amplamente conhecido com a obra *O papa de Hitler*, do jornalista e escritor inglês John Cornwell, que causou grande barulho na mídia e fez a expressão "papa de Hitler" ganhar vida própria.[37] Assim, mesmo depois de muitos estudos mostrarem que Pio XII era contra Hitler, o mito permanece. Novas pesquisas, feitas a partir de arquivos secretos do Vaticano referentes ao período nazista recentemente abertos, têm permitido que a imagem do papa Pio XII seja reconstruída.

Ele pode ter se silenciado, mas de forma alguma foi o "papa de Hitler". O discurso não foi a única forma de ação possível contra o nazismo. E esse papa, ao que tudo indica, não fez pouco: impediu que milhares de judeus morressem, transportando-os e escondendo-os em mosteiros, conventos e igrejas.

Em Roma, segundo o que foi constatado, havia pelo menos 155 esconderijos para judeus; apenas no Castel Gandolfo, a residência de verão do papa, cerca de 3 mil judeus se abrigaram.[38] Essas ações fizeram com que, pouco após a ocupação de Roma pelos Aliados, em junho de 1944, Israeli Zolli (1881-1956), o rabino-mor de Roma,

---

[36] RUST, *Mitos papais*, p. 198.
[37] CORNWELL, John, *O papa de Hitler*: a história secreta de Pio XII. Trad de. A. B. Pinheiro de Lemos. Rio de Janeiro: Imago, 2000.
[38] RUST, *Mitos papais*, p. 212-3.

agradecesse ao papa Pio XII por ter ajudado os judeus durante as perseguições empreendidas pelos fascistas e nazistas.[39]

Muitos, como o rabino David G. Dalin, em seu livro *O mito do papa de Hitler*,[40] têm buscado reverter a imagem do papa Pio XII, demonstrando o equívoco que é acusá-lo de nazista. Outros têm até mesmo invertido o argumento, defendendo que, na verdade, o papa Pio XII precisa ser conhecido pelas ações em oposição ao regime nazista, como aponta o pesquisador Mark Riebling em *O papa contra Hitler*.[41] Mesmo assim, é importante pensar na questão do silêncio, com o qual tanto o papa Pio XII como a maioria dos cristãos acabaram se protegendo.

---

[39] THE NEW YORK TIMES. "Jews of Rome Thank Pope for Aiding Them; Chief Rabbi Says Pius and Vatican Saved Hundreds". *The New York Times*. Nova York, 17 jun. 1944. p. 5.
[40] DALIN, *O mito do papa de Hitler*: como Pio XII protegeu os judeus do nazismo. São Paulo: Quadrante, 2019.
[41] RIEBLING, Mark. *O papa contra Hilter*: a guerra secreta da Igreja contra o nazismo. Trad. de Carlos Szlak. Rio de Janeiro: LeYa, 2018.

● CAPÍTULO 9

O trágico silêncio

O povo alemão será sobrecarregado
por uma culpa que o mundo não
esquecerá daqui a cem anos.

HENNING VON TRESCKOW

Para os alemães, o nazismo é um trauma. Um sentimento que Karl Jaspers expressou ao afirmar com pesar que: "Hitler nos rebaixou — [tanto o] conjunto do povo alemão [como] cada um de nós em particular ".[1] A história dos alemães não tem como fugir do fatídico ano de 1933, o "ano da vergonha e da estupidez política",[2] quando Hitler subiu ao poder.

Esse trauma se aplica à nação como um todo, mas de forma singular à Igreja alemã, não somente pelo apoio que muitos cristãos alemães deram a Hitler, mas também porque mesmo grandes referências teológicas, que não se dobraram ao nazismo, foram marcadas pelo silêncio. Karl Barth, por exemplo, um dos grandes nomes da Igreja Confessante, teve seu tempo de silêncio antes de fazer a coisa certa, como lembrou Paul Tillich:

> Em 1º de abril de 1933, as igrejas nada disseram quando os judeus foram atacados pela primeira vez e muitas vidas e propriedades foram destruídas. As igrejas nada falaram até que elas mesmas foram atacadas por Hitler. Essa foi uma das grandes falhas das igrejas alemãs e também de Karl Barth. Mas, logo após, Barth se tornou o líder da resistência intraeclesiástica ao Nacional-Socialismo. Finalmente, reconheceu

---

[1] JASPERS, *Introdução ao pensamento filosófico*, p. 68.
[2] JASPERS, *Introdução ao pensamento filosófico*, p. 57.

A IGREJA APOIOU HITLER?

o que antes havia negado, que o movimento encabeçado por Hitler era quase religioso e representava sério ataque contra o cristianismo.[3]

Karl Barth e a Igreja Confessante se colocaram contra Hitler. Porém, com o fim da Segunda Guerra e o término do pesadelo que foi o regime nazista, ficou o sentimento de que poderiam ter feito mais. O sentimento de que poderiam ter agido antes, ou mesmo com mais intensidade, fosse no caminho da conspiração, como Bonhoeffer, fosse no caminho da oposição teológica, relembrando a verdade do evangelho em oposição ao ódio destilado pelos nazistas. Por isso, após a guerra, Niemöller fez sua famosa declaração:

> Quando os nazistas vieram buscar os comunistas, fiquei em silêncio; eu não era comunista. Quando prenderam os sociais--democratas, fiquei em silêncio; eu não era social-democrata. Quando vieram buscar os sindicalistas, não disse nada; eu não era sindicalista. Quando buscaram os judeus, fiquei em silêncio; eu não era judeu. Quando eles me vieram buscar, já não havia ninguém que pudesse protestar.[4]

Trata-se do sentimento expresso pelo personagem Oskar Schindler, interpretado por Liam Neeson, no filme *A lista de Schindler* (Steven Spielberg, 1993). Schindler cede sua fortuna para salvar mais de mil judeus, mas, ao tomar conhecimento do fim da guerra, ele chora enquanto pensa nas vidas que poderia ter salvado com aquilo que ainda possuía — seu carro, um broche de ouro etc. —, declarando que o que fez não fora o bastante.

Essa culpa também marcou a Igreja Evangélica da Alemanha, tanto pela participação do Movimento Cristão Alemão como pelo silêncio

---

[3] TILLICH, Paul. *Perspectivas da teologia protestante nos séculos XIX e XX*. 4. ed. Trad. de Jaci Maraschin. São Paulo: Aste, 2010. p. 244.

[4] NIEMÖLLER apud UNITED STATES HOLOCAUST MEMORIAL MUSEUM. Martin Niemöller: "Primeiro, eles vieram buscar os socialistas..." *Enciclopédia do Holocausto*, modificado pela última vez em 11 de fevereiro de 2019. Disponível em: https://encyclopedia.ushmm.org/content/pt-br/article/martin-niemoeller-first-they-came-for-the-socialists. Acesso em: 2 fev. 2023. (Grifo do autor.) Cabe notar que há diferentes versões dessas palavras, que parecem ter sido pregadas por Niemöller de diversas formas e em vários lugares.

daquele que não fizeram parte dele. Isso fica claro na "Declaração de Culpa de Stuttgart" (em alemão, *Stuttgarter Schuldbekenntnis*), de 19 de outubro de 1945, que afirma:

> Por nossa causa, incalculável sofrimento foi infligido a muitos povos e nações. (...) Lutamos por muitos anos em nome de Jesus Cristo contra o espírito que encontrou terrível expressão no violento regime Nacional-Socialista, mas nos acusamos por não havermos confessado mais corajosamente, não havermos orado com mais fé, não havermos crido com maior alegria e não havermos amado mais apaixonadamente.[5]

Não foi necessário que alguém acusasse os protestantes alemães de serem cúmplices do nazismo, fosse por seu apoio, fosse por seu silêncio. Foi a própria Igreja da Alemanha que, no fim da guerra, reconheceu e declarou sua culpa.

Antes do término da guerra, o pastor Franz Hildebrandt (1909-1985) já havia culpado a Igreja alemã no sermão de 1º de março de 1944, abordando o texto de Hebreus 6:6. Além de lembrar a prisão de seu amigo Martin Niemöller, Hildebrandt condenou os cristãos que perverteram o cristianismo, misturando-o com o nazismo, bem como a todas as igrejas alemãs, católicas ou protestantes:

> A traição que as igrejas cometeram contra Cristo será escrita em um livro por um autor contemporâneo; não há entre nós nenhum inocente dessa traição, ninguém que não tenha, sabendo ou sem saber, crucificado o Filho de Deus novamente e o exposto ao ridículo.[6]

---

[5] FERREIRA, "A Igreja Confessional Alemã e a 'disputa pela igreja' (1933-1937)", p. 35.
[6] HILDEBRANDT apud SKILES, William Stewart. *Preaching to Nazi Germany*: The Confessing Church on National Socialism, the Jews, and the Question of Opposition. 2016. 550 f. Tese (Doutorado em História) – University of California, San Diego, Estados Unidos. p. 455.

A IGREJA APOIOU HITLER?

Consciente do presente e do futuro, Hildebrandt fez uma profecia, notando que muitos da Igreja alemã apoiaram Hitler ou se silenciaram. Assim, embora importantes teólogos e pastores tenham se levantado contra o regime nazista, a impressão que fica, de modo geral, é a de um silêncio quase total tanto de protestantes como de católicos.[7]

"Silêncio", portanto, é a palavra mais utilizada para descrever a resposta cristã ao Holocausto. Apesar de "alguns corajosos indivíduos terem protestado contra as atrocidades"[8] cometidas pelo nazismo, a maioria, incluindo pregadores nas cidades e capelães na guerra, permaneceu em discrição, servindo de "abrigo espiritual"[9] aos criminosos por meio de seu silêncio. Um silêncio trágico que poderíamos chamar, poeticamente, de um silêncio *ensurdecedor*.

Especialmente em relação aos católicos, a despeito da postura mais cuidadosa de sua liderança na Itália, houve vozes que quebraram o silêncio, mesmo que em momento avançado da guerra. Os católicos poloneses, por exemplo, denunciaram as práticas dos nazistas em seu país e protestaram. Em agosto de 1942, fizeram circular na Varsóvia um panfleto clandestino intitulado *Protesto!*, escrito por Zofia Kossak-Szczucka (1889-1968), no qual se dizia:

> Nós, por conseguinte, erguemos nossa voz, católicos poloneses. Nossos sentimentos em relação aos judeus não se modificaram. Nós não deixamos de considerá-los os inimigos políticos, econômicos e ideológicos da Polônia (...) [mas] não queremos ser Pilatos. Não temos os meios para agir contra os assassinos alemães, não podemos aconselhar, não podemos salvar ninguém — mas nós protestamos do mais fundo de nossos corações, repletos de piedade, indignação e horror. Este protesto é exigido de nós por Deus. Deus que não permite assassinatos. (...) O sangue dos indefesos clama aos céus por vingança. Quem dentre nós não apoie este protesto não é um católico.[10]

---

[7] WISTRICH, *Hitler e o Holocausto*, p. 18.
[8] BERGEN, Doris L. "Between God and Hitler: German Military Chaplains and the Crimes of the Third Reich". In: BARTOV, Omer; MACK, Phyllis. (orgs.). *In God's Name:* Genocide and Religion in the Twentieth Century. Nova York: Berghahn , 2001. p. 124.
[9] BERGEN, "Between God and Hitler", p. 134.
[10] KOSSAK-SZCZUCKA apud WISTRICH, *Hitler e o Holocausto*, p. 25.

Essa publicação resultou na prisão da autora e em seu envio para os campos de concentração. Ao mesmo tempo que a história de Kossak-Szczucka é um exemplo de coragem, o texto do panfleto nos faz perceber que, em grande medida, muitos cristãos mantiveram o silêncio porque viam os judeus como inimigos. Além de cristãos, eles eram alemães, poloneses, lituanos, romenos que, muitas vezes, nutriam desejos nacionalistas e preconceitos contra os judeus e outros grupos étnicos. Mesmo Kossak-Szczucka, que com bravura desafiou os nazistas, considerava os judeus "inimigos políticos, econômicos e ideológicos da Polônia". De fato, os alemães nazistas, por meio de propaganda política, "exposições, livros, panfletos e cartazes, espalhavam uma mensagem de ódio que reverberava" com força no meio polonês. Assim, antes de os alemães invadirem a Polônia, a população local já estava "intoxicada do antissemitismo da imprensa de língua polonesa".[11]

A culpa, portanto, não deve recair apenas sobre Hitler, pois muitos alemães, inclusive cristãos, o acompanharam. Mas também não deve pesar somente sobre os alemães, pois muitos cristãos e não cristãos de outros povos permitiram ou até mesmo apoiaram o massacre dos judeus. A Igreja Católica e a Igreja Protestante têm sua parcela de responsabilidade. Poderíamos negar isso, afirmando que os que apoiaram o nazismo eram falsos cristãos, o que era verdade em muitos casos. Porém, o fato é que muitos cristãos sinceros deixaram de se posicionar ou fizeram isso quando era tarde demais.

> **A culpa, portanto, não deve recair apenas sobre Hitler.**

---

[11] WISTRICH, *Hitler e o Holocausto*, p. 53.

● CAPÍTULO 10

Aprendendo a lição

Sem Deus, esta nossa geração perambula na noite e como que reside no inferno.

FRIEDRICH HÖLDERLIN

Precisamos olhar para nosso interior e perceber que, muitas vezes, buscamos saciar nossa sede em ideologias políticas, e não em Jesus Cristo.

Pensar em Hitler, no Holocausto, no regime nazista e no apoio de cristãos a tudo isso "é como encarar um abismo e esperar que esse mesmo abismo não volte a nos encarar".[1] Porém, para realmente o encararmos, precisamos reconhecê-lo *dentro de nós mesmos*. Precisamos olhar para nosso interior e perceber que, muitas vezes, buscamos saciar nossa sede em ideologias políticas, e não em Jesus Cristo.

A grande dificuldade de perceber isso se dá pelo fato de confundirmos Cristo com as ideologias que defendemos. Como afirmei em outro livro: "misturando-se à política, a 'água' do cristianismo não somente não saciava a sede, mas também provocou o gosto pelo 'álcool' da política revolucionária e nacionalista".[2]

Uma vez que misturamos nossa fé a ideologias políticas, abrimos espaço para que a utopia, ou seja, a fé política, substitua a própria religião. Conforme o filósofo romeno Emil Cioran (1911-1995),

---

[1] WISTRICH, *Hitler e o Holocausto*, p. 21.
[2] RUPPENTHAL NETO, *História do cristianismo II*, p. 118.

APRENDENDO A LIÇÃO

"Enquanto o cristianismo satisfazia os espíritos, a utopia não podia seduzi-los; mas, quando começou a decepcioná-los, ela procurou conquistá-los".[3] A idolatria política está longe de ser algo do passado, uma característica apenas da primeira metade do século 20, ela está muitíssimo viva.

Mesmo com a terrível experiência do nazismo, a segunda metade do século 20 avançou marcada pela força das ideologias. Em vez de perderem força, com as pessoas reconhecendo o perigo disso no nazismo, as ideologias se estabeleceram como se fossem a solução ou o remédio para o perigo nazista. Como se fossem vacinas, contendo o vírus, mas teoricamente em pequena medida, a fim de gerar saúde, e não doença.[4]

Para se defender, cada um enxergava o nazismo como o extremo oposto de sua própria ideologia — que foi banalizado em simples designações de *direita* ou *esquerda*. Ou seja, cada ideologia tem usado o nazismo para se fortalecer, identificando-o com o lado contrário, assim podendo se afirmar como uma virtude ou, até mesmo, uma necessidade. Isso envolveu a criação de versões cristianizadas de diferentes ideologias.

De um lado, *a ideologia capitalista liberal*, afirmando-se como fundamento econômico da civilização ocidental, que seria cristã por natureza. Essa mistura camuflou nacionalismos, como o norte-americano, baseado na ideia de que os Estados Unidos seriam um "segundo Israel", impondo ao mundo todo a doutrina do "destino manifesto": a ideia de que Deus conduziu os colonizadores e lhes entregou o território norte-americano. Como se a nação do Tio Sam tivesse o dever, a "missão divina", de proteger o mundo do mal que vem do Oriente, seja da União Soviética (URSS), da China, seja do islã.

Do outro lado, *a ideologia comunista*, que partia do pressuposto de que, com o fim do capitalismo, Deus simplesmente não seria mais necessário. A permanência da necessidade de Deus e da religião após a implementação do comunismo na Rússia revelou que o novo sistema econômico não atendia a todas as necessidades humanas.

---

[3] CIORAN, *História e utopia*, p. 98.
[4] RUPPENTHAL NETO, *História do cristianismo II*, p. 118-9.

A IGREJA APOIOU HITLER?

Isso levou o antigo materialismo histórico a se abrir: primeiramente ao aspecto cultural, como foi o caso da *New Left* inglesa, que tirou a esquerda da luta de classes e a levou para questões sociais como racismo, feminismo e os direitos dos homossexuais; e depois ao espiritual, com teologias fundamentadas no marxismo, as quais

> a fim de preservarem e tornarem sua ideologia mais atrativa e possível, buscaram camuflar ou ainda dirimir os fundamentos ateístas e contrários à família, tornando-a "palatável" para que certos representantes do cristianismo pudessem engoli-la, digeri-la e incorporá-la numa forma aparentemente cristã de marxismo, que tem seu centro não tanto na salvação espiritual, mas na libertação social e econômica.[5]

O resultado dessa mistura da água do cristianismo com o óleo das ideologias foi, e ainda tem sido, desastroso, pois serve para justificar fanatismos, intransigências e intolerâncias, vistos como qualidades por estarem atrelados à fé política. Uma fé que, muitas vezes, se torna idolatria de figuras messiânicas, nas quais se centram as religiões utópicas, que não dão lugar para a tolerância.[6]

Porém, o fanatismo e a intransigência, como gosto de lembrar, "são apenas a evidência superficial de uma realidade mais profunda de substituição de Deus por um ídolo no coração humano".[7] Essa idolatria costuma se manifestar em forma de fanatismo nas mais diversas ideologias: elas são aparentemente opostas, porém, na verdade, possuem em comum o fato de se mostrarem evidentes no outro, mas praticamente invisíveis em nós mesmos. É o fanatismo, portanto, que cega.

No campo da história, a cegueira ideológica leva muitos a distorcerem ou omitirem informações sobre o passado, para adequá-lo àquilo em que acreditam. Pode ser o caso do silêncio de Eric Hobsbawm

---

[5] RUPPENTHAL NETO, *História do cristianismo II*, p. 119-20.
[6] POPPER, Karl. *O racionalismo crítico na política*. 2. ed. Trad. de Maria da Conceição Côrte-Real. Brasília: Editora da UnB, 1994. p. 8.
[7] RUPPENTHAL NETO, *História do cristianismo II*, p. 120.

APRENDENDO A LIÇÃO

(1917-2012), historiador marxista, com relação aos *gulags*,[8] os campos de concentração soviéticos, nos quais milhões de pessoas foram mortas. Assim como pode ser o caso daqueles que destacam os mortos pela foice e pelo martelo nos regimes comunistas, mas passam pano para as atrocidades cometidas em nome de Jesus e em forma de guerra santa, com a cruz e a espada.

No campo da religião, a cegueira ideológica resulta em heresias e em ateísmo. Seja na direita, seja na esquerda, as adesões ideológicas podem envolver "expressões religiosas em que, sob o nome de Deus, o que se esconde é só a tirania do próprio coração, que, em vez da voz do outro, escuta a si mesmo".[9] Nisso, o cristianismo é deturpado e desmembrado a fim de atender àquilo que a ideologia aceita, arrancando e eliminando o que ela rejeita.

No fundo, isso é ateísmo, ainda que de forma diferente. Não é dizer "Deus não existe", mas é comprimi-lo para caber nos limites do mundo, traduzindo sua vontade em legislação do mundo.[10] É deixar o mundo determinar o que pode ou não ser a vontade de Deus, e não a vontade de Deus, expressa na Bíblia, estabelecer o que pode ou não ser nossa vontade. É fazer com que os anseios humanos sejam "Deus", e fazer com que Deus seja reduzido à esfera humana como "poder, lei e cultura", perdendo a "perspectiva do reino 'que não é deste mundo'".[11]

Certamente o cristianismo é também para este mundo. No entanto, reduzi-lo ao aqui e agora é uma *heresia* — uma visão parcial da realidade, uma preferência, uma escolha, conforme o significado original do termo grego *hairésis*. Da mesma forma, sendo as ideologias políticas visões limitadas, podem ser consideradas

---

[8] Silêncio bem percebido por Ricardo da Costa como possível omissão em prol de uma "história-propaganda". Cf. COSTA, Ricardo da. "Para que serve a história? Para nada...". *Sinais*, v. 1, n. 3, 2008, p. 43-70. Ao mesmo tempo, cabe destacar que Hobsbawm não foi apático em relação ao comunismo, uma vez que fez críticas à repressão russa em Budapeste, as quais o levaram a ser afastado do Partido Comunista em 1956. Cf. BOSETTI, Giancarlo. "A diferença do Holocausto". *Folha de São Paulo*. São Paulo, 24 mai. 1998. Entrevista concedida por Eric J. Hobsbawm a *L'Unità* e traduzida por Roberta Barni.

[9] GALIMBERTI, Umberto. *Rastros do sagrado:* o cristianismo e a dessacralização do sagrado. Trad. de Euclides Luiz Calloni. São Paulo: Paulus, 2003. p. 153.

[10] GALIMBERTI, *Rastros do sagrado*, p. 104.

[11] GALIMBERTI, *Rastros do sagrado*, p. 103.

A IGREJA APOIOU HITLER?

"heresias", ou seja, leituras do mundo que restringem o que é visto àquilo que é conveniente, ao que se escolhe ver. Essas visões conduzem as pessoas a extremismos, fazendo do século 20 a "era dos extremos", como designou Eric Hobsbawm.[12]

Não devemos nos iludir, pensando que os extremismos ficaram no passado. As redes sociais têm favorecido a polarização política, uma vez que os algoritmos fortalecem a tendência natural de ouvirmos e lermos somente aquilo que nos agrada e com que concordamos. Essa tendência foi denunciada pelo filósofo Byung-Chul Han: "Hoje, permanecemos iguais e no outro só se busca ainda a confirmação de si mesmo".[13] Ao invés de aproximar as pessoas, "a mídia digital nos afasta cada vez mais do *outro*".[14]

Apesar de muitos pensarem que o totalitarismo do início do século 20 simplesmente ficou para trás, na verdade ele apenas se readequou. Hoje, segundo Byung-Chul Han, se pode pensar em um "totalitarismo do igual",[15] que não é fruto de uma imposição externa, mas da autoimposição e do aprisionamento de alguém a si mesmo. Algo que vemos quando uma pessoa, mesmo sendo cristã, propaga *fake news* (ou seja, mentiras). Como observa Gutierres Fernandes Siqueira, é triste "observar que os cristãos, que deveriam abraçar a verdade a qualquer custo, estão servindo e se servindo de notícias falsas para propósitos ideológicos".[16] Essa prisão não é gerada pela falta de informações, mas pela superinformação, a qual, sendo fácil e imediata, potencializa o poder das *fake news* e da desinformação. Afinal, qualquer informação, a despeito de seu conteúdo, significância ou veracidade, "se espalha na internet como uma

---

[12] Cf. HOBSBAWM, Eric. *Era dos extremos*: o breve século XX (1914-1991). 2. ed. São Paulo: Companhia das Letras, 1995.

[13] HAN, Byung-Chul. *Agonia do Eros*. Trad. de Enio Paulo Giachini. Petrópolis: Vozes, 2017, p. 39. Para uma aplicação prática das ideias de Han ao cristianismo atual, veja RUPPENTHAL NETO, Willibaldo. *Igreja do cansaço*: desafios do cristianismo no mundo atual. Curitiba: Esperança, 2023.

[14] HAN, Byung-Chul. *No enxame*: perspectivas do digital. Trad. de Lucas Machado. Petrópolis: Vozes, 2018, p. 48.

[15] Cf. HAN, Byung-Chul. *Sociedade do cansaço*. 2. ed. ampl. Trad. de Enio Paulo Giachini. Petrópolis: Vozes, 2019, p. 15.

[16] SIQUEIRA, Gutierres Fernandes. *Quem tem medo dos evangélicos?*: Religião e democracia no Brasil de hoje. São Paulo: Mundo Cristão, 2022. p. 90.

epidemia ou pandemia",[17] de modo que, se antes a conscientização e informação podiam ser armas contra as ideologias, hoje "a hiperinformação e a hipercomunicação não trazem *luz* à escuridão".[18]

Por isso, segundo Han, as massas populares do século 20 não deixaram completamente de existir, mas foram substituídas pela "nova massa", que ele chama de "enxame digital",[19] manipulado pelas mídias e pela internet. Nele se incluem as massas de manobra de ideologias políticas, de esquerda e de direita.

Sendo assim, a grande lição do estudo de Adolf Hitler passa pela possibilidade de pensar sobre nossas próprias ideologias e ilusões, assim como nossas tendências e até mesmo o que temos consumido de informação. Estudando essa história, podemos notar nossas *paixões* ao nos deparar com a *tentação* de ver Hitler da forma mais politicamente conveniente para nós.

Essa tentação pode ser a de superdimensionar as semelhanças com certos políticos atuais que consideramos inimigos; ou a de desconsiderar as particularidades e diferenças do nazismo, qualificando quem quisermos como "nazista" ou "fascista", de forma imprudente e irresponsável — algo que pode permitir que os erros e perigos de certas ideologias sejam desconsiderados pelo fato de nosso juízo ser conceitualmente equivocado.

Por isso, estudar Hitler é uma oportunidade de olhar o extremo do mal, a fim de avaliar em que medida este cresce dentro de nós mesmos. É perceber as consequências da devoção a uma ideologia política e analisar o quanto temos bebido dessa água, independentemente do lado político em que a fonte está.

---

[17] HAN, *No exame*, p. 99.
[18] HAN, Byung-Chul. *Sociedade da transparência*. Trad. de Enio Paulo Giachini. Petrópolis: Vozes, 2019. p. 96.
[19] HAN, *No exame*, p. 26.

Conclusão

*O fascismo não é impedir de
dizer, é obrigar a dizer.*

ROLAND BARTHES

O silêncio trágico da Igreja no contexto nazista não deve ser seguido pelo nosso silêncio em relação ao apoio de muitos cristãos a Adolf Hitler e ao nazismo. Por mais terrível e constrangedora que seja essa história, precisamos lembrar e recontar o que aconteceu. Afinal, a memória desses fatos serve não apenas para evitarmos erros semelhantes, mas também para gerar aprendizado, incluindo a lição de que o silêncio nem sempre é o melhor caminho.

Entendendo a importância dessa memória, o povo judeu busca preservá-la. Apesar de o Holocausto ter sido um evento traumático para os judeus, sua lembrança é incentivada por eles: em Curitiba, por exemplo, há o Museu do Holocausto, inaugurado em novembro de 2011, que mantém viva a lembrança de tantas vidas perdidas. De forma semelhante, os mortos nos campos de concentração nazistas são lembrados pelos judeus do mundo todo no *Yom HaShoah*, "dia da catástrofe", observado no dia 27 do mês de *nissan* , que é feriado nacional em Israel.

Por mais estranho que pareça, mesmo Hitler precisa ser lembrado, a fim de que seus erros sejam conhecidos e evitados. Por essa razão, em vez de destruírem a casa onde ele nasceu, em Braunau am Inn, na Áustria, ela foi transformada em um memorial, por meio de um ato simbólico: em 1989, cem anos após o nascimento de Hitler, ali foi colocada uma pedra memorial (em alemão, *Mahnstein*).

CONCLUSÃO

Pedra memorial (Jo Oh/Wikimedia Commons /Licença de uso: https://creativecommons.org/licenses/by-sa/3.0/de/deed.en)

A ideia é que as fontes de memória sirvam para a educação e conscientização. Assim, nessa pedra, retirada de uma pedreira do campo de concentração nazista de Mauthausen, na Áustria, foi escrita uma lição:

FÜR FRIEDEN, FREIHEIT	PELA PAZ, LIBERDADE
UND DEMOKRATIE	E DEMOCRACIA
NIE WIEDER FASCHISMUS	FASCISMO NUNCA MAIS —
MILLIONEN TOTE MAHNEN	MILHÕES DE MORTES [NOS] LEMBRAM

Certamente os mesmos eventos não poderão se repetir, pois não estamos mais no século 20, e Hitler já morreu. Porém, ao mesmo tempo, "seremos ingênuos se pensarmos que a Alemanha nazista não pode voltar a ocorrer",[20] ainda que de uma nova forma, com outras particularidades. A memória deve ser mantida viva para estarmos

---

[20] LUTZER, *A cruz de Hitler*, p. 22.

alertas a situações que, apesar de novas, são semelhantes às do passado. Como bem disse o filósofo búlgaro Tzvetan Todorov (1939-2017):

> Hoje não há mais prisões indiscriminadas contra os judeus nem campos de extermínio, [mas mesmo assim devemos] manter viva a memória do passado: não para pedir reparação pela ofensa experimentada, mas para estarmos em alerta sobre situações novas e, no entanto, análogas.[21]

Mesmo que os tempos sejam outros, uma coisa permanece: a maldade do ser humano, que, sendo pecador, tem o potencial para se tornar tão terrível quanto o próprio Adolf Hitler.

Mesmo que os tempos sejam outros, uma coisa permanece: a maldade do ser humano, que, sendo pecador, tem o potencial para se tornar tão terrível quanto o próprio Adolf Hitler.

Paralelamente, hoje se tem a tentação de combater em público e de imediato qualquer situação política que, a nossos olhos, tenha semelhanças com o nazismo. Onde? Nas redes sociais, é claro! Podemos pensar que determinadas ações, palavras ou mesmo ideias nos dão o direito de ser autoritários a fim de evitar o autoritarismo. Uma verdadeira contradição! Quem afirma que não se deve tolerar o intolerante normalmente não percebe que "a linha entre o combate ao discurso de ódio e a censura autoritária é finíssima".[22]

Com a mesma ferocidade com que julgamos os outros, exigimos que também emitam seus julgamentos. Afinal, podemos pensar que é *dever* de todos se posicionar politicamente, expondo argumentos — como se as redes sociais já não estivessem saturadas de

---

[21] TODOROV apud SEIXAS, Jacy Alves de. "Comemorar entre memória e esquecimento: reflexões sobre a memória histórica". *História: Questões & Debates*, v. 17, n. 32, 2000, p. 75-95, esp. p. 77.
[22] SIQUEIRA, *Quem tem medo dos evangélicos?*, p. 104.

CONCLUSÃO

pessoas fazendo isso de forma leviana, como se esse fosse o espaço ideal para diálogo e construção de pensamento.

Agindo assim, corremos o risco de realizar a "ditadura do coração", da qual fala Han, fundamentada em uma moral da transparência, que envolve tirania e leva à violência. Mesmo que nosso desejo seja evitar a repetição do erro do silêncio do passado, a exigência do posicionamento político de alguém, para além de ser uma ação com caráter autoritário, é "pornográfica",[23] pois força alguém a se expor mais do que deseja .

Por mais que seja fundamental atuar para que o fascismo nunca mais exista, isso não justifica nosso próprio autoritarismo, pois os fins não justificam os meios. A violência costuma decorrer justamente dessa ilusão, uma vez que, segundo Hannah Arendt, "a própria substância da ação violenta é regida pela categoria meio-fim".[24] Sendo assim, combater autoritarismo com autoritarismo é não apenas absurdo, mas também perigoso: ao fazer isso, corremos o risco de nos tornar ditadores, justificados pela virtude de nossa causa, ou seja, pela nossa ideologia .

Isso já aconteceu. Vladimir Ilyich Ulianov (1870-1924), mais conhecido como Lenin, líder da União Soviética, se tornou um tirano cruel e impiedoso por acreditar na causa do comunismo. Crendo que suas ações — que iam de prisões políticas a assassinatos — eram necessárias para construir um "mundo melhor", Lenin afirmou que "a crueldade de nossa vida, imposta pelas circunstâncias" seria "compreendida e perdoada". Ele dizia: "Tudo será compreendido. Tudo!".[25] Palavras que lembram muito uma declaração de Adolf Hitler: "Sejamos desumanos! Mas, se salvarmos a Alemanha, teremos eliminado a maior injustiça do mundo. Sejamos antiéticos! Mas, se salvarmos o nosso *Volk* [povo], teremos reaberto o caminho da moralidade!".[26]

Certamente o comunismo, defendido por Lenin, se difere muito do nazismo. Como bem lembra Hobsbawm, "não se pode criticá-lo

---

[23] HAN, *Sociedade da transparência*, p. 101-4.
[24] ARENDT, Hannah. *Sobre a violência*. 3. ed. Trad. de André Duarte. Rio de Janeiro: Relume-Dumará, 2001. p. 14.
[25] LENIN apud BOSETTI, "A diferença do Holocausto".
[26] HITLER apud WISTRICH, *Hitler e o Holocausto*, p. 176.

e julgá-lo do mesmo modo que o nazismo".[27] O comunismo não é fruto de alguma forma de nacionalismo nem se fundamenta em ideias racistas, apesar de a URSS também ter perseguido os judeus. Porém, há também semelhanças no que diz respeito à aplicação dessas duas ideologias: em ambos os casos, resultaram em regimes ditatoriais, que se consolidaram por meio de milhões de mortes, bem como pela imposição da vontade autoritária de seus líderes.

Da mesma forma, muitos hoje se diferem do nazismo e buscam estabelecer distância em relação a ele. Contudo, o modo como o fazem os aproxima e os transforma em pessoas autoritárias, dispostas a justificar ações de tirania e imposição pela causa que defendem. Segundo Hannah Arendt, a ação violenta tem como principal característica o fato de que "o fim corre o perigo de ser suplantado pelos meios que ele justifica e que são necessários para alcançá-lo".[28]

> **Precisamos lembrar, portanto, que o perigo do nazismo estava não somente no que era evidentemente mal, como o racismo, mas também na disposição das pessoas para fazer o mal e alcançar aquilo que entendiam ser o bem.**

Precisamos lembrar, portanto, que o perigo do nazismo estava não somente no que era evidentemente mal, como o racismo, mas também na disposição das pessoas para fazer o mal e alcançar aquilo que entendiam ser o bem. Seu perigo estava principalmente na capacidade de despertar o mal terrível que habita o coração de todo pecador, trazendo à tona as trevas da maldade humana e lhes permitindo crescer.

As trevas da maldade humana, porém, não devem apagar a luz divina. De fato, após a Segunda Guerra Mundial, muitos sentiram como se Deus tivesse sumido. A sensação se parecia com o

---

[27] HOBSBAWM apud BOSETTI, "A diferença do Holocausto".
[28] ARENDT, *Sobre a violência*, p. 14.

CONCLUSÃO

título de um livro de 1952 do filósofo judeu Martin Buber (1878-1965), um *Eclipse de Deus*.[29] Muitos se perguntavam: "Como se pode falar de Deus depois de Auschwitz?".

Outros conseguiram ver a luz brilhar em meio às trevas. O teólogo alemão Jürgen Moltmann, por exemplo, que esteve preso nos campos de concentração, disse que, após suas certezas serem abaladas, ele encontrou uma nova esperança na vida cristã, percebendo que "a cruz é a esperança da terra".[30] Também o psiquiatra judeu Viktor Emil Frankl (1905-1997), mesmo imerso no sofrimento dos campos de concentração, percebeu a importância fundamental da espiritualidade e de Deus, que dá sentido à vida humana.

Por isso, em vez de abandonarmos Deus pelo trauma do nazismo, devemos justamente nos voltar para ele. E, ainda que a palavra "Deus" tenha sido manchada por Hitler, não precisamos deixá-la, pois, "manchada e rasgada como está, [podemos] levantá-la do chão e erguê-la nas horas de grande preocupação", como bem disse Buber.[31] Em vez de perguntarmos "Como se pode falar de Deus depois de Auschwitz?", devemos inverter a questão, como fez Moltmann: "Como se pode não falar de Deus depois de Auschwitz?".[32]

---

[29] BUBER, Martin. *Eclipse de Deus*: considerações sobre a relação entre religião e filosofia. Trad. de Carlos Almeida Pereira. Campinas: Verus, 2007. No original alemão, *Gottesfinsternis* [Escuridão de Deus].
[30] MOLTMANN, Jürgen. *Teologia da esperança:* estudos sobre os fundamentos e as consequências de uma escatologia cristã. 3. ed. São Paulo: Teológica; Loyola, 2005. p. 36.
[31] BUBER, *Eclipse de Deus*, p. 13.
[32] MOLTMANN apud MUELLER, Enio R. "Apresentação". In: MOLTMANN, *Teologia da esperança*, p. 13.

Este livro foi impresso pela Gráfica Terrapack, em 2024, para
a Thomas Nelson Brasil. O papel do miolo é pólen
bold 70g/m², e o da capa é cartão 250g/m².